実話怪事記

腐れ魂

真白 圭

竹書房

目次

猫除け

「去年くらいから、家の台所が臭くなって困っているの。猫のおしっこの臭いよ」

房江さんが住んでいる家は、お隣さんの家との距離が近い。

建屋の間が一メートルも離れておらず、また敷地をブロック塀で囲っているため、子供がやっと通り抜けられるほどの隙間しかないのだという。

どうも最近、その僅かな隙間が、野良猫のトイレになっているようなのだ。

「ちょうどそこが、流し台の外側でね。風通しも悪いし、臭いが籠っちゃって、ホントに駄目なのよ……でね、そのことをうちの人に話したら」

旦那さんは買ってきたセメントでコンクリートを練り、塀の上に盛り始めた。

そして、五寸釘の先端部を上にして、生乾きのコンクリートに挿していったそうだ。

旦那曰く、「ちょっと見栄えは良くないが、猫除けになるだろ」とのことらしい。

「さすがに私は止めたのよ。こんな物騒なもの、見た目が悪いどころの話じゃないって。でも、『お隣さんにも言ってあるから』って、取り合ってくれなくて」

ご近所への世間体は気になるものの、〈これで野良猫がこないなら〉と、房江さんも渋々承諾したのだという。


それから暫く経った、ある日の午後。

房江さんは近所の主婦数人と、自宅の居間でお茶を飲んでいた。

日課のように開かれる、他愛のない井戸端会議である。

だが、急にひとりの主婦が「やだ、奥さんっ、あれっ！」と台所を指さした。

見ると、流し台の曇りガラスの窓に、黒い影がわさわさと揺れている。

大きなカラスが、翼をバタつかせているように見えた。

「ガラス窓のすぐ先が、五寸釘の挿してある塀なのよ。だから私、『カラスが釘に刺さって、痛がっている』って、慌てたの」

しかし、下手に窓を開けると、カラスが部屋に入ってきてしまうかもしれない。

房江さんは混乱しながらも、〈とにかくなんとかしなきゃ〉と、表玄関から外へ飛び出して、台所とブロック塀との隙間を覗き込んでみた。

だが――ブロック塀に、カラスなどいなかった。

お隣さんの敷地も覗いてみたが、カラスが落ちた痕跡は見つからない。

〈変ねぇ、逃げたのかしら？〉と、恐る恐る台所からガラス窓を開けてみた。

塀の五寸釘に、小さな人形が三体、突き刺してあった。

「釘一本に、一体ずつ刺してあったわ。あれって……何て言ったかしら？　小さな女の子が好きな……リカちゃん？　とにかく、おもちゃの人形が、百舌鳥《もず》のはや贄《にえ》みたいになっていて」

釘は人形の股ぐらから刺し込まれ、先端が頭頂部から突き出ている。

気味が悪くなった房江さんは、その出来事を旦那さんに話したそうだ。

すると旦那さんは「じゃあ、釘はやめるか」と言い、ハンマーを使って五寸釘の猫除けを撤去してくれた。

しかし、その代わりにと、割った酒瓶の破片をコンクリートで固めたのだという。

「見たら、ブロックの上が大根おろしみたいになっていて……それじゃあ、前と変わらないって言ったんだけど、うちの人『どうせ人形なんて、近所の悪ガキの悪戯だから気にするな』の一点張りで……」

房江さんは、呆れて抗議する気も失せたそうだ。

翌日の夕方。

房江さんが「そろそろ夕飯の支度を」と台所に立ったときのことだ。

夕日の差し込みでオレンジに色付いた曇りガラスに、肌色の影が映った。

それは、隣の敷地からブロック塀を乗り越えようとする——幼い子供に思えた。

〈……あっ、大変！〉

次の瞬間、ブロック塀に乗り上げた幼児の影が〈ずるっ〉と滑り落ちてしまった。

慌てて窓を開けたが、台所からは何も見えない。

〈お隣に落ちたんだ〉と思って、急いで外に駆け出した。

——隣の敷地に幼児などおらず、代わりに一体のキューピー人形が落ちていた。

人形の顔には、刃物で出鱈目《でたらめ》に切りつけた傷が、無数に刻まれていたという。

「でね、後でよく考えたら、私はカラスの鳴き声や……子供の声だって全然聞いていないの。それって変じゃない？　それで私、本当に怖くなって、お隣さんに相談しに行ったのよ。うちの旦那は馬鹿なことばかりやっているし、頼りにならないから」

いままでの出来事を説明すると、お隣のご主人は青ざめて『そうですか……』と言ったきり、黙ってしまった。

そして、一ヵ月ほど経つと、なぜか他所《よそ》へと引っ越してしまったのだという。

ご近所になんの挨拶もなく、気づいたときには売屋の札が貼られていたらしい。

結局、房江さんの台所は、いまでも猫のおしっこ臭いままである。

お好み焼き

居酒屋で知り合った原田さんは、四十過ぎのサラリーマンである。

いまは引っ越してしまったが、以前は埼玉のO川市に実家があったという。

「俺が小学生のときの話だから、もう三十年は昔になるかな。当時住んでいた町で、ちょっと気味の悪い体験をしたんだ」


その日、原田さんは自転車で、町外れの公園に向かった。

初めて行く公園ではあったが、そこで友達と遊ぶ約束をしていたのである。

大まかな場所と道順も、予《あらかじ》め友達から聞いていた。

その途中、道路沿いにある工場跡の空き地の中に、奇妙なものを見たという。

それは遠目に見ると、大きな〈お好み焼き〉のようなものだった。

このまま道路を進めば、そいつの真横を通ることになる。

「なんだろう?」と、改めて目を凝らした。

――赤黒い肉の中に、血で固まった毛髪と、ふたつに割れた顔面がめり込んでいた。

それは、ひとりの人間が丸々と潰れて平たくなった、人体の残骸のようだった。

（うわっ、お化けだっ！）

咄嗟《とっさ》に原田さんは目を伏せたが、急に自転車を止めることはできない。

空き地から顔を背け、目を瞑《つむ》るようにして横を通り過ぎた。

その一瞬——ちらっとだけ、空き地に目をやった。

だが、〈お化け〉はどこにも見当たらなかった。

「あれっ、て思ってね。よく怪談とかで、二度見したら消えたっていうのがあるだろ。ホントにお化けって、パッと消えるんだって」

そのまま空き地を通り過ぎて、かなり遠ざかってから振り返ってみた。

また、あの〈お化け〉が空き地に突っ立っていた。

（……遠くまで離れると、出てくるんだ）と、原田さんは不思議に思ったそうだ。


原田さんはその後も何度か、そこの工場跡地で同じ体験をした。

最初は遠目に〈お化け〉が見えており、視線を逸らしながら近づくと消えている。

気持ちが悪いとは思ったが、間近で見たことはない。

そんなことを何度か繰り返すと、慣れが生じて、怖いとも感じなくなってきた。

「そのうちにさぁ、あの〈お化け〉が、どういう仕組みで途中から消えるのか、知りたくなったんだよね。まぁ、好奇心が強い年頃だったしさ」

試しに〈お化け〉から目を離さずに、空き地沿いの道路を走ってみることにした。

最初は、いつものようにお好み焼きっぽい〈お化け〉が、正面に見えている。

だが、そいつは道路から離れて立っているので、近づくほど角度がついて、斜めに見え始める。

そして、どんどん視野が狭く、細くなっていき――

真横に並ぶと、完全に見えなくなってしまった。

（あっ――こいつ、ぺらぺらなんだ。ぺらぺらなお化けだ）

消えるのではなく、薄すぎて真横からは見えないだけなのだと、初めて気がついた。

「でも、こいつはずっと同じ場所にいたんだって思ったら、ちょっと怖くなって」

慌てて、その場を立ち去ったという。


その日の夕食で、彼はぺらぺらな〈お化け〉のことを両親に話した。

食卓を囲みながらの、他愛ない話題のつもりだった。

だが、穏やかに話を聞いていた父親が、いきなり険しい顔つきになった。

そして、「……あそこはな」と、あの工場跡地について説明をしてくれた。

「聞いたらさ、まだ俺が赤ん坊だった頃、親父はあそこにあった工場で、働いていたらしいんだよ。そこは戦前に創業した古い会社だとかで、色々な工作機器を生産していたっていうんだけど……」

その工場では過去に数名の工員が、事故で亡くなっているのだという。

中には、大型の加工機に巻き込まれて、即死した工員もいたらしい。

頭と体、四肢の区別すらつかないほど、それこそ紙のように〈ぺしゃんこ〉になってしまったのだと、父親は教えてくれた。

そして、「まだ、あそこから離れられないのか。可哀想に」と目頭を押さえたという。

「何日かしてからさ、親父と一緒に空き地に行ったんだ。線香と花をお供えしにね。でも、そのときは〈お化け〉は出てこなかったなぁ……もちろん、いろんな角度で探してみたんだけどね」

それ以来、原田さんはぺらぺらの〈お化け〉を見ていないという。

空き地は数年後に再開発され、現在では市街地の中心部として、大変な賑わいを見せている。

心霊スポット

最近知り合った塚田さんは、肌の浅黒いサーファー風の男性である。
六、七年前まではギャル男だったというが、いまでは真面目にタクシーの運転手をやっているそうだ。
そんな彼が、まだ二十代前半だった頃の体験談を教えてくれた。


「ある夏の夜に、仲間五人と家で飲んでいたんだ。そしたら、肝試しに行きたいって言い出した奴がいてね。聞いたらさ、千葉にある廃ホテルが出るんだって」

だらだらと飲み続けるのにも飽きていたので、全員が面白そうだと賛同した。

〈だったら俺が〉と、塚田さんは自ら運転手役を買って出ることにした。

当時、彼は八人乗りのステーションワゴンを所有しており、大人数で移動するには都合がよかったのである。

深夜、ナビを頼りに車を走らせると、小一時間ほどで件の廃ホテルに到着した。

外壁がじっとりと黒ずんだ、見るからに陰鬱《いんうつ》な廃墟だったという。

だが、意気込んで館内を探索してみたものの、奇妙なことは何も起こらなかった。

「まぁ、こっちは楽しく騒げりゃ、それでよかったから。肝試しも終わったし、さっさと帰ろうとしたんだわ……ただ さぁ、帰りの車で嫌なことに気がついちゃって」

帰路の途中で覗いたルームミラーに、余分な人影が映っていた。

それも、二体。

最後尾の後部座席に、人の形をした真っ黒な影が座っている。

何度も振り返ったが、なぜか直接、姿を見ることはできなかった。

〈これ、皆に気づかれたら、パニックになるな〉

そう考えた塚田さんは、敢えて口には出さずに家まで運転をしたという。


翌日、昼過ぎにワゴンで出掛けようとした塚田さんは、再び唖然とした。

そのとき限りと高《たか》を括《くく》っていた黒い人影が、白昼堂々、居座っていたのである。

しかも車内が明るいせいで、かえって輪郭がはっきり見えるようになっていた。

「ルームミラーをじっくり覗いたらさ、そいつら、体の所々が欠けていたんだ。片腕が無かったり、頭がべこんと凹《へこ》んでいたりしてね。で、気味悪《わり》ぃからさ」

塚田さんはすぐに神社へ駆け込み、交通安全のお守りを買ってきたのだという。

そして、車内のルームミラーに吊るしてやった。

「したら、効いたんだよ。影が見えなくなって。『やっぱ神社、半端ねぇ』って」

安心した彼は、いつも通りにワゴンを乗り回すことにした。


それから、一ヵ月ほど経った頃だ。

別の仲間四人に、「その廃ホテルに、行ってみたい」とせがまれた。

少し迷ったが、〈お守りがあればいいか〉と、軽い気持ちで引き受けたという。

深夜、再び廃ホテルを訪れて、廃墟内をはしゃぎ回った。

そして、肝試しからワゴンに戻ると——なぜか、お守りが消えていた。

床に落ちたのかと仲間にも探させたが、どこにも見当たらない。

「かなり焦ったけど、運転しない訳にもいかねえし……」

帰路の途中、恐る恐るルームミラーを覗くと、尋常ではない数の人影が後部座席を埋め尽くしていた。影が多すぎて、仲間の姿が見えないほどだったという。

翌朝、新しく買ってきたお守りをルームミラーに括ったが、今度は影が消えない。

お守りを増やし、葡萄《ぶどう》の房のようになるまで吊るしたが、それでも効果はなかった。

ひしめく人影で、ルームミラーは黒く塗り潰されたままである。

こんな状態では怖くて運転などできないが、かといって愛車に乗れないのも困る。

「結局、どうしていいかわかんなくなってさ……しょうがないから、片っ端から仲間に相談しまくったんだよ。駄目元だと思って」

するとと仲間のひとりが「だったら俺、いい奴を知っているよ」と言ってくれた。

聞くと、彼の知り合いに〈強い霊感を持った男性〉がいるらしく、彼ならばなんとかしてくれるかもしれないというのだ。

塚田さんは藁《わら》にも縋《すが》る思いで、その男性を紹介して欲しいと頼んだ。

「そしたら、Aさんって人がうちまで来てくれたんだ。見た目は少しオタクっぽい奴たけど、ワゴンを見るなり『あんた、一体どこに行ったんだ』って怒り出してさ」

Aさんが言うには、ステーションワゴンに数え切れない数の霊体が憑りついており、非常に危険な状態なのだという。

〈こんな車を使ったら、間違いなく人死にが出るぞ〉と、厳しく叱られた。

その迫力に気圧された塚田さんは、ひたすら謝り、助けて欲しいと頼み込んだ。

最初、Aさんはだいぶ渋っていたが、〈二度と心霊スポットに近づかないと約束するなら〉と、辛うじて引き受けて貰うことができた。

「その後にね、Aさん、俺のワゴンに向かって何かを唱え始めたんだけど……普通のお経とは違うみたいだったかな。でね、それが終わったら『これで大丈夫だから』って言って、そのまま帰っちゃったんだよ」

半信半疑に、塚田さんはルームミラーを覗いてみた。

すると、あれほどステーションワゴン内にひしめいていた人影が、すべて消え失せていたという。

彼は〈Aさんが、本当に除霊してくれたんだ〉と、心から感謝した。

「うれしくってね。その日から、またワゴンを乗り回したんだよ……で、一週間くらい経った頃だったかな、もう一度Aさんに、ちゃんとお礼をしたいって思ってさ」

だが、よく考えると、Aさんの連絡先を知らなかった。

携帯の番号も、うっかりと聞き逃していたという。

仕方なく、Aさんを紹介してくれた友達に電話を掛けて、連絡先を聞くことにした。

――アイツ、死んだぞ。

電話に出るなり、いきなり友達が言った。

なんでも、つい最近、道路でひき逃げに遭ったらしい。

ステーションワゴンだった。

中古車

坂東さんは、茨木で中古車ショップを経営している。

業界では名の知れた、中古高級外車を専門に扱う販売店なのだという。

「でも、結構大変だよ。高級外車っていっても、やっぱり中古だからね。やれ、交差点でエンストしただの、高速道でオーバーヒートしただのって……その度に、レッカー車で引っ張りに行かなくちゃいけないしさ」

扱うものが特別な車なだけに、普通の修理工場では対応が難しいのだという。

例えば、内装部品ひとつをとっても、海外メーカーとの輸入ルートを確立しておかないと、取り寄せることすら難しいそうだ。

「特に、うちには『訳あり』の商品が多くてね。新車より、ずっと気を遣うんだ」

というのも、彼の販売店が扱う高級外車の殆どが、『事故車』だからである。

それも、人身事故や自殺、或いはオーナーの失踪など、不動産業界ならば『心理的瑕《か》疵《し》物件』と呼ばれるような、いわくつきの事故車が集まりやすいのだという。

「まぁ、さすがにグシャグシャの廃車は仕入れないからさ。比率で言うと、自殺に使われた車が増えているかな」

それでも、高級外車を安く手に入れたいと希望するお客さんは多く、商売も繁盛しているのだという。


昨年のことだ。

ドイツ製の高級車を購入したオーナーから、苦情の電話があった。

なんでも、カーエアコンで暖気を入れると、車内が異常に臭くなるのだという。

「その車、前の持ち主が車内で練炭自殺やってんだよ。最近減ったけど、練炭やる奴っていまでも結構いてさ。ただ、売る前に内装は全部変えてあるし、エアコンのフィルターだって純正品と交換してんだぜ」

それでも、オーナーから「臭い」と言われれば、点検せざるを得ない。

坂東さんは車を預かり、早速エアコンを点けてみたが、そのときは別段臭いとは感じなかった。

「買われたお客さんが、ちょっと過敏になっていることが多くてね。まぁ、扱っているモノが事故車なだけに、気になるみたいで」

坂東さんは念のためフィルターの交換を行い、車をオーナーに返却したという。

それで暫く様子を見て貰い、何事もなければ一件落着するものと思っていた。

だが、返却して三日も経たないうちに、再び苦情の電話が入った。

今度は、いきなり電話口で怒鳴《どな》られたという。

「やっぱり、臭いって言うんだよ。それも、生ごみのような臭いがして、前よりも酷いって。それで先方が『車を返すから返金しろ』って言い出してね」

坂東さんは平身低頭に謝りつつ、もう一度だけ検査をさせて欲しいと頼み込んだ。

このままでは店の信用に関わるため、原因が特定されるまで徹底的に調べてみようと考えたのである。

「場合によってはオーバーホールやるって腹を括《くく》ったんだわ。そりゃあ、無償だし、店の利益には合わないけどね。でも、客の信頼には代えられないからさ」

再度車を預かり、まず内装をしらみ潰しに調査した。

だが、いくら探しても、車内に臭いの原因となるものは見つからない。

「となると、やっぱりエアコンしかないかなって。ただ前回、フィルターは交換しているし……」

半信半疑で、ダッシュボード中央のエアコン送風口を覗いてみた。

「あれっ？」と、思わず声が漏れる。

なぜかエアコンの風向板の奥に、見慣れない風景が映っていた。

それは、どこか知らない家の室内のようだった。

「最初、ダッシュボードにモニターでも埋め込んでいるのかと思ったんだけど……」

どうにも、様子がおかしい。

送風口の奥に映っているのは、廃屋じみた和室のようだ。

小さなちゃぶ台に、首の折れた扇風機。

背後の壁は表面が所々で崩れて、下から寒冷紗《かんれいしゃ》の布地が覗いている。

田舎の古民家を写したレトロな風景映像にも見えるが、どことなく陰鬱とした寒々しさが漂っていた。

「なんで、そんな映像が見えているのかわからなくてね。よく調べようと、ダッシュボードにおでこが当たるくらい、近づいたんだ」

そのとき、異様な臭いが鼻をついた。

黴《かび》と埃《ほこり》、そして微かに、残飯が腐ったような、ねっとりとした臭い。

吐き気を覚えるのと同時に、送風口に見える風景が揺らいだように感じた。

〈ブーン〉と、耳の奥で蟲《むし》の羽音が鳴った。

「社長っ！　何やってんすかっ⁉」

強く声を掛けられ、我に返った。

助手席の窓から、整備員が心配そうにこちらを覗き込んでいた。

「大丈夫っすか？　何時間も、ダッシュボードばっか見てますけど……」

すでに閉店時間が過ぎ、辺りは暗くなっていた。

「……どうやら俺は、三時間くらい車の中にいたみたいなんだ。そんな感覚は、全然無かったんだけどね。で、もう一度、エアコンの送風口を覗いたらさ、さっきまで見えていた風景が、どこにも見えなくなっていて」

隙間からドライバーを突っ込んでみたが、モニターはおろか、写真さえ見つけることはできなかった。

暫く考え込んだ末、坂東さんは「おいっ、この車のエアコン、全部外して調べ直してみろ」と整備員に命じた。

再調査の結果、エアコンの通風管の中から、人間の指が見つかったという。

枯れた小枝のような、からからに干乾《ひから》びた指だった。

「なんでそんなものが入っていたのか、まったくわからないんだ。元々、その車は練炭自殺に使われたって話だったしね。ただ、最初に苦情を受けたときから、ちょっと引っ掛かっていたことがあって……」

練炭自殺に使われた車を「炭臭い」と言われた経験はあるが、「腐臭がする」と苦情を受けたのは初めてだったのである。

「まぁ、余程の長期間、死体が放置された車なら別だろうけど……もっとも、そんな車は、さすがに買わないからね」

その後、通風管から見つかった指は、少し離れた山林に捨ててしまった。警察に届けたところで、厄介なことにしかならないと思ったからである。その車は元値で買い戻すことになったが、暫《しばら》くすると別の客に売れたという。

道づれ

田中さんは都内の大手商社に勤める、三十代半ばのサラリーマンだ。

英会話が堪能なこともあり、仕事柄、一年の半分は海外で暮らしている。

「元々、学生のときに留学していたので、海外の生活には慣れていたんです。だけど、やっぱり生活の基盤は国内に作っておかないと、色々と不便で」

数年前、独身の身でありながら、思い切って都内にマンションを購入した。

ちょうど金利が安くなっていた時期で、この機会は逃せないと決断したのである。

「それで、一昨年《おととし》の話なんですけどね。当時、イギリスから帰国したばかりで、今度はアメリカに駐在して欲しいって言われたんです。最低でも半年間ほど」

それでも上司の命令とあれば、嫌という訳にはいかない。

田中さんは早速、就労ビザを取得する準備に取り掛ることにした。

そんな折、久しぶりに大学の先輩から電話を貰った。

聞くと、折り入って頼みごとがあるのだという。

「不在の間、家を貸してくれないかって言われたんです。それも、先輩の知り合いの男性に。なんでもその人、最近アパートを解約して、住む場所がないいんだって」

どうして住んでいたアパートを出たのか、その理由は聞かなかった。

ただ、学生時代に世話になった先輩の頼みを、無碍《むげ》に断ることもできない。

不承不承ながらも、田中さんはその男性に喫茶店で会ってみることにした。

男性は名前をFさんといい、先輩と同じ会社の若手社員なのだという。

交際中の彼女だろうか、その傍らには若い女性が寄り添っている。

ふたりとも表情が暗く沈んでいて、先輩が促すまでひと言も喋ろうとしなかった。

それでも、『どうか、助けて頂けませんか』と頼まれると、断り切れなくなった。

「まぁ、直接言われると、ね……それに、見た感じ、同棲中のカップルに思えたので、さすがに住むところがないのも可哀そうで」

仕方なく、田中さんが帰国するまでの間だけ、部屋を貸すことにした。


アメリカに渡って、二ヵ月ほど経った頃だ。

携帯電話に、日本から着信があった。

相手は新宿署の警察官で、田中さんに幾つか質問させて欲しいのだと言う。

突然のことであたふたとしていると、警察官が無感情な声で切り出した。

「――あなたが所有するマンションの部屋で、昨日、身元不明の遺体が発見されたのですが、心当たりはありませんか?」

意味がわからず、一瞬、思考が停止した。

だが、すぐにFさんのことを思い出し、〈知り合いに部屋を貸している〉と話すと、直接事情を聞かせて欲しいと要請された。

「それからはもう、てんやわんやでしたよ。会社に帰国理由を説明しなければいけなかったし、仕事の予定も幾つかキャンセルすることになって」

それでも急いで帰国し、警察署で事情聴取に応じると、「検死の結果、事故死であることがわかりました」と、あっさり言われた。

聞くと、Fさんは浴室で転んで頭を打ち、脳挫傷で亡くなったのだという。

死体が見つかったのは、その三日後。

夏のはじめに猛暑日が続いたせいで、発見時には腐敗が進んでいたらしい。

警察は先輩からも事情を聴いていたようで、田中さんが帰国するまでもなく、事故死として片付けられていたのである。

「でも、ひとつだけ引っ掛かることがあって……僕は、Fさんが彼女と同居しているものだと思っていたんです。なのに、遺体が三日も放置されたのは、変だなって」

警察から解放された田中さんは、近くのファミレスで先輩と会うことにした。

部屋を貸した期間、Fさんがどんな生活をしていたのか知りたかったのである。

だが、Fさんの彼女について訊ねた途端、「一体、なんのことだ?」と聞き返された。

「ですから、喫茶店でFさんの隣に座っていた、女性のことですよ」

「いや、俺はあの日、Fしか連れていかなかったが……」

そう言った直後、先輩の表情が〈サッ〉と蒼ざめた。

そして、「Fがアパートを出たのは、彼女が亡くなったからだ」と呟いた。

死因は知らないが、同棲したアパートの浴室で死んでいたらしい。

——だから、あの場に彼女なんていなかったんだよ。

最後にそう言い残すと、先輩はそそくさと帰ってしまった。


「暫く唖然としましたよ。先輩の態度もどうかと思いましたけど……自宅がいきなり瑕疵物件になってしまって、その上、なんだか気味の悪い話まで聞かされて」

困ったことに、上司がスケジュールを組み直したため、東京に一ヵ月ほど滞在する予定になっていた。

元々、田中さんは幽霊など信じない性質《たち》だったが、それでも人死《ひとじ》にが出たばかりの部屋に寝泊まりするのは嫌である。

かといって、自腹を切ってホテルに泊まるのも馬鹿々々しい。

やむを得ず、〈一ヵ月だけ〉と割り切って、自宅で暮らすことにした。


それから二週間後。

その日、田中さんは久しぶりに会社の同僚と飲み、深夜に帰宅した。

体にへばりついた汗と埃が不快で、すぐにでもシャワーを浴びたいと思った。

だが、脱衣所で肌着を脱ぎかけて、躊躇《ちゅうちょ》した。

「それまで、夜中に浴室を使うのは避けていたんです。もちろん、浴室は業者に頼んで全面改修をしていたんですが……それでも、夜に使うのは気味が悪かったので」

少し考えたが、酔っていたこともあって、気持ちが大きくなっていた。

短時間で済ませればいいかと、いきおいでシャワーを使った。

汗まみれの体を拭う温《ぬる》めのお湯が心地よく、鼻歌交じりについ長居をした。

そのとき〈ガタンッ〉と、何かの音がした。

浴室の、外側からだった。

しかし、部屋にテレビはなく、夜中に勝手に上がり込んでくる友人もいない。

不安になって、シャワーを止めようと蛇口に手を伸ばすと、背後で〈ギィ〉とドアが鳴った。心臓の鼓動が大きくなり、思わず体が竦《すく》む。

正面の鏡に、何かが見えた。

シャワーに濡れる自分の——真後ろ。

ごわごわとした女の長い髪が、背後に黒々と広がっていた。

〈Fさんの彼女だ〉と思った。

が、同時に〈なぜ、あの女が?〉と疑問に思う。

この浴室で死んだのは、Fさんである。

彼女が、ここに現れる理由がわからなかった。

と——いきなり、ざらっとした冷たい手に肩を掴まれた。

その瞬間〈ぐんっ〉と、体が沈み込んだように感じる。

『……あなたも、きてよ』と、冷たい女の声が浴室に響いた。

それで、すべてが理解できた。

恐らくFさんは、この浴室で彼女にあの世へと連れて行かれたのだろう。

そしていま、この女は田中さんをも、道づれにしようとしているのだ。

急激に体が凍え、全身から力が抜けていく。

〈このままでは殺される〉と、薄くなる意識で必死に考え——

「浮気は駄目だーーーっ!!」

咄嗟に、渾身の力で絶叫した。

それしか、訴える言葉が見つからなかった。

すると「…………そうよねぇ」と小さな声が聞こえ、肩を掴む手を離された。

暫くして、恐々と背後を振り返ると、そこには誰もいなかったという。

「最近は、あっちの世界でも浮気にはうるさいんですねぇ。おかげで助かりましたよ」

そう言って、田中さんは苦笑する。

いまでも海外出張が多すぎて滅多に泊まらないが、自宅は所有したままだという。

やはり、夜中に浴室は使わないらしい。

零《ゼロ》から六の脚の話

都内で小料理屋を営む、恵子さんから聞いた話だ。

彼女の古くからの知り合いで、律子さんという女性がいる。

とても多才な方で、看護師の仕事の傍らで熱心に英会話を学び、現在ではアメリカの大学病院に勤めているそうだ。

恵子さんは、そんな彼女に尊敬の念を込めて「先輩」と呼んでいる。

「すごく面倒見のいい人でね。私がこの店を立ち上げるときも、随分とお世話になったのよ。いまでも日本に帰国するときは、必ずお店に寄ってくれるの」

そんな律子さんだが、恵子さんに言わせると、たったひとつだけ変わったところがあるのだという。

「先輩ね、『人間の脚って、二本だけじゃない』って言うの……意味がわからないでしょ？　私も他人よりは幽霊とか、不思議なものが見えたりする性質《たち》だけど、それでも先輩がなにを言っているのかわからなくて」

詳しく聞くと、「人間は性格や行いによって、脚の数が違う」ということらしい。

例えば、よく嘘をつき、他人を騙すことに躊躇《ためら》いがない人の脚の数は、大抵三本なのだという。

また、他人の物を平気で盗むことのできる人は四本。

暴力的で、酒乱癖があるような人間は、五本脚なのだそうだ。

律子さんは、そんな脚の数が多い人に対しては、極力注意を払って接するようにしているのだという。

無論、その脚は律子さんにしか見えていない。

「面白いのはね、その余分に見える脚って、人間の脚だけじゃないらしいの。人によって違うって言うんだけど、例えば犬とか、猫とか狸とか。そんな風に動物の脚が混じっているんだって。あと、馬とかもね」

様々な動物の脚が、一斉にぞろぞろと歩くのだという。

それは異様でもあり、またどことなく間抜けで、可笑《おか》しい光景なのだそうだ。

「でも、先輩が言っていた中で気味が悪かったのは、脚が六本ある人の話かな。先輩も一度だけしか見ていないって言っていたけど……それって、人を殺したことのある人間の、脚の数なんだって」

だいぶ昔のことだが、律子さんが担当した患者の中に、六本脚の人がいたという。

その男性は「転んで切った」と、負傷した腕の治療に来院していた。

さすがの律子さんも、これほど脚の多い人間に出会ったのは初めてで、どうやって接するべきか判断に迷ったらしい。

もっとも、その男性は温和な表情をしており、また高齢でもあったため、さほど警戒が必要だとは思わなかった。

しかし翌日、刑事が病院を訪れ、あの男について色々と聴いてきたのだという。

男性は、数日前に発生した強盗殺人事件の容疑者だった。

なんでもその男性は、偶然目についた民家に押し入り、そこにいた老夫婦を刃物で滅多刺しにしたのだという。

腕の傷は、その際に揉み合いになって負傷したものだった。

「先輩に言わせると、男の脚は六本全部が人間の脚だったらしいの……でも、ちょっと気持ち悪くない？　だって、殺された人の脚の数と同じになるのよ、それって」


そして、昨年の話だ。

一時帰国した律子さんが、久方ぶりに恵子さんのお店に飲みに来てくれた。

その日は店内に常連の先客がふたりいて、手狭な店のこと、初対面のお客さん同士が和気藹々《わきあいあい》と楽しい時間を過ごしたのだという。

そして夜も更け、先に常連客が勘定を済まして出ていった。

その後姿を見送った律子さんが、妙なことをポツリと口走る。

「あの人……長くないなぁ」

驚いて、どういうことなのかと先輩に聞いた。

「あの太った人ね、多分この先、あまり長くは生きられないんじゃないかしら。可哀そうだけど。だって、あの人……脚が一本も無かったもの」

真剣なまなざしで答える律子さんに、恵子さんは言葉を返せなかった。

そして数日後、律子さんは再びアメリカへ戻って行ったという。

「でもね、そのときは先輩が言ったことを、私は真面目に受け取れなかったの。だってその常連さん、太ってはいたけど、凄く元気で精力的な方だったのよ。そんな人が近いうちに亡くなるなんて、ちょっと想像がつかなくて」

それから、半月ほど経った頃。

その日、店仕舞いをしながら報道番組を眺めていた恵子さんは、ある死亡事故のニュースを見て愕然とした。

死亡者名を記した字幕の中に、あの常連客の名前を見つけたのである。

小型のヘリを使い、千葉から長野へと移動する途中での墜落事故だった。

高速道路の近くに墜落したこともあって、当時、その事故は広く報道されたという。

「暫く落ち込んだわ。その常連さん、とても優しい方だったから。ご自身でも食通だって仰っていたし、うちのお料理もすごく褒めてくれてたの……本当、悲しいことね」

恵子さんはそう言って、残念そうに短く溜息を吐いた。

早朝ランニング

岡崎さんはランニングが趣味の、三十代前半の女性である。

ひとりで走ることもあるが、最近では同好の士と連絡を取り合い、集団でランニングをすることが楽しいのだという。

「いまは三十人くらい仲間が集まっているの。『早朝ランニング会』ってチーム名までつけてね。ただね、よく間違われるんだけど、チーム名の由来って『朝に走る』って意味じゃないのよ。実はね、真夜中にスタートして、ゴールしたら『早朝』に軽く一杯飲んで帰るってことなの。一晩中走った後に飲むビールって、格別だからね」

そんな岡崎さんが、つい最近体験した話を教えてくれた。


その晩、岡崎さんはタクシーを使って、千葉のとある神社へと向かったという。

時刻は深夜二時。

待ち合わせに指定された神社は、国道沿いの閑散とした郊外にあった。

「だけど、いざ着いたら鳥居の前に誰もいなかったのよ。念のために、スマホの地図アプリで場所を確かめてみたんだけど、やっぱりその神社で間違いがなくって」

暫く鳥居で待ってみたが、誰も来ない。

神社の外壁沿いに目を凝らしても、人影は見当たらなかった。

『こっち、こっち』と、不意に声がした。

掠《かす》れるような小声で、境内から呼びかけられたように聞こえた。

岡崎さんは〈まさか、神社の中で待っているの？〉と鳥居を潜ってみる。

だが、明りのない境内は深く静まり返っていて、人がいる気配はなかった。

『……こっちだ。こっち』

再び、彼女を呼ぶ声が聞こえた。

真っ暗な境内の、もっと奥の方からだった。

「でも、すぐに『違うな』って思ったの。だって境内の奥には拝殿しかなかったし……さすがに、勝手に御社《おやしろ》に上がったりはしないだろうって」

境内を出て、スマホでもう一度地図アプリを確認してみた。

すると、神社から少し離れた場所に『○○神社前』という名の、バス停があることに気がついた。

〈あっ！　もしかしたら、ここかも〉

試しにバス停に赴くと「おーい、遅いよ」と、見知ったメンバーが手を振っていた。すでに、他のメンバー全員が集合している様子だった。

彼女は慌てて準備を整え、自分と一緒に走る組の列に加わった。

「早朝ランニング会」では、通常、走る速さの順にグループを三つに分けている。

岡崎さんは二番目のグループに割り振られていたので、先発組が出発してから三分後のスタートになった。

「でね、夜は暗くて危ないから、メンバーは全員、蛍光帯を着けるってルールを決めているの。車除けの反射材なんだけど、最近はLEDでぴかぴか光るのもあるのね。私は、肩口にスマホを挿しておけるタイプの蛍光帯を使ったわ」

前方を見ると、先発組の蛍光帯が小さく点滅していた。

それを目印にしながら、岡崎さんは自分のペースで走り続けたという。

しかし、走者の列が住宅街に入るとコースが複雑になり、何度か曲がり角を折れるうちに、先発組の蛍光帯を見失ってしまった。

同じ組のメンバーはだいぶ遅れているようで、振り向いても誰もいなかった。

〈もしかして、コースを外れたのかしら?〉と不安になったが、頃合いよくスマホが『交差点を左です』と教えてくれた。

「私ね、前もってランニング用のナビアプリに、道順を入力しておいたの。それが時々、自動音声で教えてくれるのよ。だから、コースを間違えるはずはないと思って」

閑静な住宅街を抜けると広い国道に出たが、他のランナーの姿は見当たらない。

それでも、ナビアプリは『このまま真っ直ぐです』と無機質に声を出した。

立ち止まって地図アプリを確かめようかと考えたが、やめた。

確証もないのに、ランニングのタイムを落とすのは、嫌だったのである。

「でも、やっぱり変なのね。ナビ通りに走っているんだけど、いつまで経っても他のメンバーが見えないの。それに、周りの風景も段々寂しくなっていくし……で、気がついたら、いつの間にか道路が砂利道に変わっていて」

事前の説明では、今回は舗装された道路しか走らないと聞いていた。

だが、道はどんどん細くなっていき、両脇に雑草の茂みも目立ち始めていた。

そして終いには、鄙《ひな》びた田んぼの畦道《あぜみち》に出てしまったのだという。

〈おかしい。やっぱりこれ、道が間違っている〉

岡崎さんは立ち止まって、地図を確かめようと肩口からスマホを引き抜いた。

――スマホに、電源が入っていなかった。

驚いて何度も電源ボタンを押したが、一向に画面は光らない。

『……こっち、こっち』

畦道の向こう側で、はっきりとした声が響いた。

反射的に顔を上げそうになったが、〈やめた方がいい〉と思い直した。

視界の端に、畦道に立つ裸足《はだし》の爪先が見えていたからだ。

岡崎さんはそのまま来た道を引き返し、畦道から離れたという。

その後、一旦住宅街まで戻ると、運よく最後尾のランナーと合流することができた。

「後で調べたら、スマホの電池が破損していたの。いつ壊れたのかはわからないんだけど。でも、もし走り出した直後に壊れていたとしたら……凄く怖くない？　だって私、ずっとナビに言われるまま走っていたのよ。一体、私をどこへ連れて行くつもりだったのかしら？」

岡崎さんは、持て余すようにしてスマホをテーブルに置いた。

それ以来、ランニングには使っていないのだという。

溜《たま》り場

学生時代、安西さんが登山部の先輩と、奥多摩をトレッキングしたときの話だ。

早朝に出発した彼女たちは、山腹で仲秋の紅葉を堪能し、昼過ぎに山を下り始めた。

暗くなる前に、一番近い村落でバスに乗る予定だった。

だがその途中、深く木々に覆われた山中に廃墟を見つけたのだという。

「コンパスを頼りに獣道を降りていたら、偶然、大きな建物の正面に出たの。でね、近くで見たらその建物、廃墟になってからだいぶ時間が経っていたみたいで」

廃墟マニアという訳ではないが、安西さんはその建築物に強く興味を抱いた。

中央のエントランス部こそコンクリートの外壁を備えていたが、それ以外は木造で、どことなく昭和の時代を偲ばせる建物だった。

使われなくなった村の役場か、公民館だと思った。

「そういう建築物って、何かそそられるじゃない？　トレッキングのついでに、ちょっと覗いてみようかなって」

先輩に声を掛けると「じゃあ、私は外で待っているから」と言ってくれた。

安西さんは彼女に荷物を預けると、ひとり廃墟に足を踏み入れたという。

エントランスには待合室らしい広い空間があり、そこから建屋の奥へと繋がる廊下が伸びている。

以前は受付だったのか、廊下の脇にカウンターも設えてあった。

少し廊下を進むと、黒く湿った床板が〈ぎいっ〉と鳴った。

「そのときね、『あっ、これ違うわ』って思ったの。『ここ、公民館じゃなくて、病院だ』って。医療器具とか見た訳じゃないけど、なんとなく建物の作りが病院に似ているように感じて……」

エントランスから差し込む外の光が、廊下を仄《ほの》かに照らしていた。

そのため視界は取れているが、ここが病院だと思うと途端に居心地が悪くなる。

彼女は探索をやめにして、廊下を引き返そうかと考えた。

「――ぅお〜い、こっち〜」

そのとき、廊下の奥から呼び声が聞こえた。

咄嗟《とっさ》に〈あっ、先輩が裏側から入ったんだ〉と思い、廊下を先に進んだ。

だが、廊下の突き当りまで行くと、頑丈そうな両開きのドアが行く手を阻《はば》んでいた。

廊下は、ドアの手前で左手に折れているが、その先に明りはない。

そこで、〈おかしい〉と気がついた。

こんな真っ暗な建物の中に、先輩がいるとは思えなかった。

予想よりも館内は複雑で、おいそれと裏手から入れるとは思えない。

ふと、嫌な臭いが鼻先を掠めた。

ツンと鼻腔《びこう》を刺激する、木材が焼け焦げたような臭いだった。

——ぎゃははは……ぎゃーはっはは
突然、両開きのドアの向こう側から、男性の笑い声が聞こえた。

複数の若い男たちがはしゃいで、ふざけあっている歓声だった。

「その瞬間、『あっ、マズイな』って思ったの。こんな廃墟にいるのって、ヤンキーぐらいでしょ？　そんなのが溜り場にしている場所に、入ってしまったんだって」

登山で体力を培っているとはいえ、安西さんは女性である。

こんな山奥の廃墟で、見ず知らずの男たちと顔を合わせたくはない。

笑い声は両開きのドアを隔てて、すぐ傍から聞こえている。

まるで人を嗤笑《ししょう》するような、侮《あざけ》りを含んだ厭味な笑い声だった。

「でも、そのまま廊下を引き返すのも怖かったの。なんか、後ろから追いかけられそうな気がして……仕方ないから左側の廊下に隠れて、少し様子を窺ったんだけど」

すると今度は、入り口の方向から〈どかどか〉と大きな足音が響いてきた。
同時に、複数の男性が罵りあう、刺々《とげとげ》しい喧騒も伝わってくる。
別のグループが、廃墟に入ってきたのだと思った。
〈どうしよう……これじゃ出られない〉
エントランスに居る連中が立ち去るまで、なんとかやり過ごそうかと考えた。
だが、いくら待っても、彼らが動き出す気配は感じられなかった。
両開きのドアからは、絶えず笑い声が聞こえている。
進退極まり、遂に安西さんは覚悟を決めた。
――無視をして、速足《はやあし》で入り口から出てしまおう。
外で待っている先輩のことが気掛かりだし、いつまでも隠れている訳には行かない。
待合室でたむろしているのか、廊下から覗いても男たちの姿は見えなかった。
〈よしっ、いまだっ！〉
安西さんは、廊下をまっすぐに駆け出した。
が、暫く走ると、「おいっ！　逃げんなよっ！」と、背後から怒鳴《どな》られた。
それと同時に、何者かに足首を掴まれ、強《した》かに転倒した。
痛みに耐えながら、起き上がりざまに周囲を見回した。

だが、そこには誰の姿もなかった。

廊下の奥から、再びけたたましい笑い声が沸いた。

訳がわからず、無我夢中でエントランスから飛び出して逃げた。

瞬間、暗闇に慣れた眼が、夕日に赤く染まった楓《かえで》の群葉に眩《くら》んだという。

その紅葉を背に、先輩が荷物を携えて立っていた。

「先輩っ！　早く行きましょう！」

驚いた表情の先輩の手を引き、廃病院の真横を下る坂道を急いだ。

「ちょっと、どうしたの？　そんなに急がなくても……」

「先輩、さっきあの建物にヤンキーが入っていきませんでしたか？　絡まれると危ないから、急ぎましょう」

「えっ⁉　私、ずっとあの場所にいたけど、人なんて見てないわよ」

「うそっ？　そんなはずは……」と足を止め、思わず息を呑んだ。

——廃病院の裏側が、完全に焼け落ちていた。

まるで包丁で両断したように、木造建屋の後ろ側半分が焼失していたのである。

焼け残った建屋の壁には、両開きのドアが見えた。

安西さんが男たちの笑い声を聞いた、あのドアの裏側だと思った。

「ああ……そうか。たむろしている人なんて、初めからいなかったんだ」

訝《いぶか》しげな表情を隠さない先輩をよそに、安西さんは納得した。

「だいぶ後になって、以前、あの付近の村に住んでいたっていう人と、知り合いになったのね。で、あの病院について聞いてみたんだけど……」

昔のことで定かではないが、結核患者のサナトリウムだったのではないかという。元々、地元と交流のない施設だったが、ある時期まったく職員の往来が絶え、いつの間にか廃墟になっていたらしい。

「言われてみると、あのとき聞こえた笑い声って、尋常な感じじゃなかったのね……きっとあの人たち、これからも永遠に留まり続けるんじゃないかしら」

そう言って、彼女は顔を顰《しか》めた。

マンションの猫

埼玉に住む杉下さんは、一度だけ都内の高級住宅街で暮らしたことがある。

いまから、十数年ほど前の話だ。

「当時、いまの旦那と同棲することになって、都内の不動産を片っ端から当たっていたの。ただ、蓄えは少ないし、ある程度レベルが低くなることは覚悟していたんだけど」

予想に反し、一件だけ、とても条件の良い賃貸を見つけたのだという。

それは都内の高級住宅街にあるマンションで、驚くほど賃料が安かった。

「二DKで月七万。普通、ありえないでしょ？　で、試しに実物を見に行ったんだけど、すごく綺麗な五階建てのマンションだったの。速攻で賃貸契約したわ」

不動産屋が言うには、これだけ優良な物件であるにも拘らず、まだ空き部屋が幾つか残っているのだという。

なんでも、新規の入居者があまり長く居つかないらしい。

「でも、建物も新しかったし、雰囲気もすごく明るかったから、何が気に食わないのかわからなかったわ。それに、そこの近所って有名人の家が沢山《たくさん》あったのよ。近くを散歩するだけで、ジョギング中の有名歌手にすれ違ったりもしたわ」

ミーハーな彼女は、それだけでも引っ越して来た甲斐があったと、内心喜んだ。

しかし入居して暫くすると、妙なことに気がついた。

「……部屋にいるとね、猫の鳴き声が聞こえてくるの。どこからかはわからないんだけど、『ミャア、ミャア』って。でも、そこのマンションはペット禁止なの。だから、内緒で誰かが飼っているのかなって」

困ったことに、鳴き声は昼夜問わずに四六時中聞こえるのだという。

発情期なのかと耳を澄ませてみたが、どうやら違うらしい。

求愛の高揚感がなく、ひたすら「ミャア、ミャア」と鳴いているだけだった。

「それが、結構うるさいのよ。特に夜中なんかは鳴き声が耳についちゃって。旦那は平気な顔をしていたけど、私はダメだったわ。でも、管理人さんに苦情を訴えるのも嫌だったの。私、猫好きだから」

下手に苦情を言って、飼われている猫が処分されたりするのは嫌だった。

が、鳴き声は益々酷くなっていく。

〈どこの部屋で飼っているのかしら?〉

鳴き声は、明らかにマンションの内側から響いているようだった。

そんな状態が三ヵ月も続くと、さすがに杉下さんも寝不足になってきた。

「で、結局耐え切れなくなって管理人さんに相談したのよ。『できれば、大ごとにはしたくないんだけど……』って前置きしてね」

だが、マンションの管理人は「なんだ、あんたのところもか？」と呆れた顔をした。

聞くと、このマンションに住む殆どの住人から、同様の苦情が来ているのだという。

それも、杉下さんが越してくる、ずっと以前からのことらしい。

「何度も調べたんだけど、どこの部屋でも猫なんか飼っていないんだよ」

管理人にそう言われ、杉下さんは引き下がるしかなかった。

それから数日が経った、ある晩のことだ。
その日、寝不足の杉下さんは、早めに床に就いたのだという。
相変わらず、猫の鳴き声が止むことはなかった。
――トトトトッ
微睡《まどろ》みかけたとき、ガラスサッシの向こうから何かが駆けてくる足音が聞こえた。
見ると、月明りを背にして、ベランダの手摺りの影がカーテンに映りこんでいる。

その手摺りの上を、尻尾を立てた小さな動物のシルエットが通り過ぎていった。

〈えっ、この階に猫がいたの？〉

もう一度通らないかとカーテンを見詰めたが、その夜はそれっきりだった。

だがその後も、たまにベランダを猫の影が横切るようになった。

「うちは四階だったから、いくら猫でも落ちたら大変でしょ？　だから、驚かせないように、カーテンを開けたりはしなかったのね」

あるとき、猫が杉下さんの部屋の前で、立ち止まったことがあった。

手摺りにちょこんと座ったシルエットが、じっと動かずにいる。

〈どんな猫なんだろう〉と興味に駆られた彼女は、気づかれないようにそっとカーテンの端を捲《めく》ってみたという。

が、そこに猫などいなかった。

「思わず、『うそっ！』って大声出しちゃったわ。隣で寝ていた旦那が飛び起きたくらいよ。だって、カーテンを捲る直前まで、確実に影が映っていたのよ」

気味が悪くなり、杉下さんはカーテンを捲る手を降ろした。

それからひと月足らずで、杉下さんはそのマンションから引っ越すことになった。

「旦那がね、『お前、このままじゃ体を壊すぞ』って言ってくれたの。いつも私が眠そうにしているのを、気にしてくれたみたいで」

急いで次の住居を決め、引っ越しの準備を始めた。

住んだ期間は半年にも満たなかったが、それでも引っ越しごみは大量に出てくる。

杉下さんはそれらを数個のごみ袋に纏《まと》めると、ごみの集積場に持ち込んだという。

すると、たまたま近所のおじさんと道端で出くわした。

最近、立ち話をするようになった人で、古くからこの町に住んでいるらしい。

「あれっ、こんなにごみ出して、どうしたの？」と、おじさん。

「今度ね、引っ越すことにしたの。だから、いまのうちに出しちゃおうって」

「えー、こんな良いマンション、出てっちゃうんだ。勿体ないなぁ」

「でもねぇ……ここうるさいのよ、猫が。きっと、誰かが内緒で飼っているのね」

正直に打ち明けると、おじさんが少し不思議そうな顔をした。

「……そんなはずはないけどなぁ。ここいらに住む人たちは、ぜったい猫なんか飼わないんだよ。大抵、すぐ死んじゃうからさ」

「えっ、それってどういうこと？」

マンションから視線を下ろすと、おじさんが物知り顔に教えてくれた。

「ああ、知らなかったんだ。ここって昔、佐賀藩の武家屋敷があった場所なんだよ。だから、この辺には野良猫もいないし、古くからの住人は猫なんか飼わないんだ」

講談の〈鍋島の化け猫騒動〉で広く知られる、あの佐賀鍋島藩である。

――あぁ、そういうことだったのね。

杉下さんはおじさんの言葉に納得して、そのマンションから引っ越したのだという。

看板

埼玉で事務職に就く山崎さんから、こんな話を聞いた。

「私、会社には電車で通っているんだけど、最寄り駅までの通勤路を朝、夜で変えているのね。朝は路地裏の道を使って、帰りは街路灯のある大通りを通っているの……で、その帰り道でのことなんだけど」


いまから五年ほど前、帰宅路の途中に寿司屋があった。

広い駐車場の奥正面に、二階建ての建屋を構えた繁盛店だった。

そして、駐車場の一角には、電飾を付けたポール看板が建てられていたという。

「見掛けも派手だったし、地元では人気があったみたい。で、ある日の帰りね、そこの看板の下に子供がいるのが見えたの……初めは遠かったから、近所の子が遊んでいるのかと思ったんだけど」

近づくと、おかっぱ頭に浅葱《あさぎ》色の着物を纏《まと》った、小さな男の子だとわかった。

およそ現代の子供とは思えない容姿で、まったく生気のない表情をしていた。

〈ああ、この子、幽霊だ。生きてないなぁ〉

多少の霊感があるという山崎さんは、ひと目でそう判断した。

そして、その横を素通りしたという。

「ちょっとかわいそうにも思ったけど……仕方ないの。ああいうのに関わると、大抵はロクなことにならないから」

過去の経験から、彼女は行きずりに幽霊を見ても、絶対に無視することにしている。

男の子も、山崎さんを気に掛ける様子はなかった。

「それが最初だったんだけど、なぜかその日から、毎日その子が見えるようになったの……勿論《もちろん》、私は見えない振りを続けていたけどね」

男の子は、看板の下にしか現れなかった。

雨の日も風の日も、毎日同じ場所に立っていたという。


三年ほど経った頃だ。

件の寿司屋が、店の改装工事を始めたという。

「でも、工事自体は随分短期間で終わったのね。壁を塗り直して、店の外装をリニューアルしただけだったから。ただね、理由はわかんないんだけど、外装工事が終わった後に、ポール看板を撤去しちゃったのよ」

すると、それっきり男の子は姿を見せなくなった。

気になって寿司屋の周辺も探してみたが、やはり見つけることはできない。

〈……あぁ、ここの寿司屋、きっと潰れちゃうなぁ〉

山崎さんは、直感的にそう思ったそうだ。

「それから半月くらいだったかな、あっさり潰れちゃったのよ、その寿司屋。でも、さすがに半月は短すぎるでしょ？　改装したばかりだし、びっくりしちゃって」

なぜ、寿司屋が潰れたのか、理由はわからない。

その後、居抜きの建屋を利用して、数軒の店舗が開店したという。

デイサービスに学習塾、そして貸し倉庫。

そのどれもが、半年も経たないうちに店を畳んでしまった。

「看板を撤去してからは、あの男の子を見ていないけど……でも、本当にいるのねぇ、座敷わらしって……あっ、座敷じゃないか。看板わらしよね、あの子」

現在、その物件にはラーメン屋が入っているという。

そこがどれくらい持つものか、山崎さんは興味深く観察している。

注文の多い弁当屋

地方の銀行に勤める、斉藤さんから聞いた話だ。

「去年の春ごろ、うちの銀行の三軒隣に新しい弁当屋ができてね。チェーン店じゃなくて、個人経営の店だったんだけど」

正面にカウンターを設えた小体な店で、弁当の種類もさして多くはなかった。

店の前を通ると、女性の店員がひとり、暇そうにしているのをよく見掛けたという。

見栄えのしない店構えで、当初から儲かっているようには見えなかった。

「でも、折角だから試しに買ってみたんだよ。そしたら、意外なほど美味しくって」

殊の外、サクサクと軽く揚げられたフライが絶品だったという。

その上、付け合わせのおかずも一品一品に手が込んでおり、「よくもまあ、こんな安い値段で」と、感心するほどの弁当だった。

一遍でその弁当屋が気に入った斉藤さんは、それから足繁く通うようになった。

「弁当を待っている間に少し話をしたらさ、いつもカウンターで立っている女性が店のオーナーだったんだ。三十路《みそじ》くらいの、愛想のいい娘でね。商売が軌道に乗ればいいなぁって、内心密かに応援していたんだ」

そんな彼の老婆心もあってか、昼どきを中心に徐々に客足が増している様子だった。


件の弁当屋が開店して、半年ほどが経った頃。

その日、残務処理に手間取った斉藤さんは、昼休みをだいぶ過ぎてから弁当を買いに行った。しかし、店頭にオーナーの姿がなく、カウンターの上には「すぐ戻ります。少々お待ちください」と書かれたポップが置かれていた。

地方の小さな町のこと、さして不用心とは思わないが、弁当が頼めないのは困った。

午後は会議の予定が詰まっていて、食事を取れる時間が限られていたのである。

斉藤さんは「誰かいませんかー？」と、大声で店の奥に呼び掛けたそうだ。

だが、店内は深閑として、返事が返ってくる気配はなかった。

「その店って完全に分業していてね。オーナー以外の店員は、売り場に顔を出さなかったんだ。っていうか、一度も姿を見たことがなくってね」

だとしても、店内を完全に無人にしているとは考え難い。

斉藤さんは、しつこく何度も声を掛け続けたという。

「……スミマセン。チュウモンハ、ウケラレマセン」

突然、店の奥から声が聞こえた。

年老いた女性が少女の声真似をしているような、妙に甲高い声だった。

「いま作れるのでいいんで、お願いできませんか？」

「チュウモンハ、デキマセヌ。カオヲダスナト、イワレテオリマス」

〈……別に注文を受けるくらい、いいじゃないか〉

融通の利かない対応に苛立った斉藤さんは、カウンターを覗き込んだという。

すると、奥正面に置かれた大型の冷蔵庫が、まっすぐ視界に入った。

ステンレスの扉を備えた、業務用の冷蔵庫。

その一番下の段に、赤い色をした何かが、ぼんやりと反射していた。

かなり背が低いが——それは人間の姿に見えた。

「何か御用でしょうかっ！」

いきなり背後から声を掛けられた。

驚いて振り向くと、オーナーの女性が立っている。

いつもの柔和な物腰ではなく、険のある苛立たしげな表情が屹《きっ》と凝っていた。

「いやっ、あの……お弁当を頼めないかと思って」

斉藤さんがしどろもどろに説明すると、オーナーは脇の通用口から店内に入って、カウンターで注文を受けてくれた。

言葉少なで、咎《とが》めるような刺々しい態度だったという。

「それから、その弁当屋にあまり行かなくなったんだ。空き巣と勘違いされたんじゃないかって、心配もあったけど……それだけじゃなくてさ、店の冷蔵庫に映った小さい影が、ちょいと気になってね」

一方、弁当屋は繁盛を続け、昼どきには長く行列ができるようになっていた。同僚から聞いた話では、仕出し弁当の配達も始めたらしい。

「ただ、店員が増えた感じではなかったな。って言うのはさ、店が繁盛するにつれて、オーナーの女性がどんどん窶《やつ》れていくようでね。傍から見ても、仕事で疲れている様子がよくわかったんだよ。あの分じゃ、厨房もかなり忙しかったんじゃないかな」

儲かっているのなら店員を増やせばいいのに、と他人事ながら心配した。

そして、昨年の暮れのこと。

銀行が繁忙期に入り、斉藤さんは連夜、遅くまで残業を行っていた。

「まぁ、毎年の定例行事だって割り切っているけどね。その日も退社がだいぶ遅くなってさ。外に出たら商店街はどこも閉まっているし、通行人もいなかったよ」

斉藤さんは、凍てつく冬の大気に白い溜め息を吐くと、駐輪場がある商店街の外れに向かって歩き始めた——そのときだ。

数歩先にある弁当屋のシャッターが、小さな音を立てて上がった。

開いたのは、ほんのひざ丈の高さほど。

〈おやっ〉と思い、足を止めた。

すると、店内から小さな生き物が、もぞもぞと這い出してきたのだという。

それも、一匹ではない。

次から次へ、何匹もの生き物がシャッターから出てきては、商店街の奥へと列をなして歩いていった。

斉藤さんは最初、それらが猫ではないかと考えたらしい。

実際、外灯に照らされたそれは、猫が後足で立つほどの背丈しかなかったのである。

だが、その小さな生き物は、各々が外国の民族衣装のような服を着て、小さな風呂敷包みを背負い、人の親指ほどしかない可愛らしい靴を履いていた。

大きさを除けば、姿かたちはまったく人と変わらなかった。

〈これは……小人?〉

呆気に取られていると、最後に出てきた一匹がシャッターを下ろし——

斉藤さんに向き直って、〈ペコリ〉と一度だけ頭を下げた。

その顔は、皺《しわ》くちゃのお婆さんそのものだったが、なぜか両頬に書道の筆のような太く束ねられた白髭が、横一文字に生え揃っていたという。

そいつは踵《きびす》を返すと、よちよちと列の最後に加わって、闇の向こうに消えていった。

斉藤さんは、呆然と見送ることしかできなかったそうだ。


「でさ、年が明けて半月も経たないうちに、弁当屋が店を畳んじゃったんだよ。まぁ、急に味が落ちたって同僚がこぼしていたし、客も随分減ったみたいだったからね……ただ, ちょっと気になることがあって」

担当が違うのでそれまで知らなかったが、斉藤さんが勤める銀行は、例の弁当屋に多額の貸し付けがあったらしい。

ところが、最近になって契約者のオーナーと連絡が取れないのだという。

「保証人に問い合わせたけど、居所がわからないらしくてね……きっと彼女、忙しくし過ぎたんで、見限られちゃったんだろうなぁ……あの小さな人たちに」

そう言って、斉藤さんは苦笑いを浮かべた。

アドバルーン

ハイキングが趣味の野中さんが、とある低山をひとりで登ったときの話だ。
山頂で昼食を取るつもりで、早朝からゆっくりと登り始めたという。
春先の朗らかな日差しが心地よく、足取りも自然と軽くなる。
見上げると、蒼く冴え渡った晴天が、樹々の隙間から垣間見えた。
そのとき、ふと、上空に見慣れないものが浮かんでいることに気がついた。
球状の白い物体だった。
距離があるので大きさは把握できないが、広告に使うアドバルーンのように見えた。
どうやら、山頂の辺りから打ち上げられているらしい。
〈なんだろう？　この先で、イベントでもやっているのかな？〉
その山は、頂上付近で樹木が伐採されており、ちょっとした平地になっている。
もしかしたら、何かしらの催し物が開催されているのかもしれない。
興味が湧き、アドバルーンを眺めながら頂上を目指した。
すると、いつしか〈ぼそぼそ〉と、か細い声がアドバルーンから聞こえてくる。

ノイズ交じりのラジオのような、聞き取り難い音声だった。
いや、違う——聞こえ難いんじゃない。
それは、そもそも日本語ではなかった。
かと言って英語でもなく、その他の国の言葉だとも思えない。
まったく単語を聞き取ることのできない、不思議な言語だった。
〈一体、何を流しているんだ?〉と、アドバルーンを見詰めた。
すると、嫌なことに気がついた。
どう目を凝らしても、アドバルーンの下にロープが見えなかった。
だが、そんなことはあり得ない。
「あれは……アドバルーンじゃないのか?」
野中さんがそう呟いた途端、アドバルーンが〈ぐんっ〉と膨らんで見えた。
そいつが、急速にこちらへと近づいているのだと気づいた。
〈まずいっ、こっちに来ているっ! 早く逃げないと!〉
怖くなった野中さんは、登ってきた山道を慌てて引き返した。
理解不能な音声が、次第に大きく聞こえ始める。
少しずつ、近づいているのだと焦った。

すると次の瞬間、野中さんは木の根に足を引っ掛けて、転んでしまった。

そのまま坂道を転がり、地面に体を強かに打ちつけた。

「くそっ！　痛《い》ってー」と悪態を吐き、頭上を見上げると――

「ヒーヒッヒッヒ、ヒッヒッヒッヒッヒ」

アドバルーンから、笑い声が流れた。

明らかに馬鹿にされているようで、思わず頭に血が上る。

「ふざけんなっ！」

野中さんは咄嗟に足元の石を拾うと、アドバルーンめがけて投げつけたという。

もちろん、石が届くはずはない。

だが、アドバルーンは嘲笑を止め、徐々に空へと上昇を始めた。

どのくらいの高さまで昇ったのだろう、突然〈バンッ〉と風音を立て、遥か彼方の上空へと飛び去ってしまった。

それっきり、そいつが姿を見せることはなかったという。

その後、野中さんは怖くなって登山をやめた。

アイス売り

那覇市出身の池原さんは、高校の夏休みにアイスクリーム売りをしたことがある。

沖縄の高校生にとっては定番のアルバイトで、クーラーボックスに入れたアイスクリームを路上で売るのだという。

彼も友達を見習って始めてはみたが、思っていた以上に大変な仕事だった。

「道端にビーチパラソル立てて、パイプ椅子とアイスボックスで簡易の露店をやるんだけど、とにかく暑いんです。沖縄の、夏の日差しは半端ないから」

ある日、気温がかなり高くなり、体中が汗塗れになった。

タオルで拭っても不快さは収まらず、どこかで体を洗いたいと思う。

だが、近くに水道はない。

〈まぁ、ちょっとくらいなら、いいか〉

池原さんはアイス売りの露店をそのままにして、数キロ離れたガマ（洞窟）まで、スクーターで向かったという。

「初めて行くガマだったんだけど、湧水が出ているって友達から聞いていたんです。もちろん、バイト先からは、あまり露店を離れるなって言われていましたけど」
ガマに着くと、なるほど、入り口脇の壁面から水が湧いている。
触ると、ひんやりと冷たい。
早速、池原さんはシャツを脱ぎ、湧水をタオルに含ませて体を拭いた。
火照《ほて》った体が冷やされて、実に気持ちがよかった。
すると、急に背筋が〈ぞくっ〉とした。
視界の端で、何かが動いたように感じた。
見ると、ガマの奥から、ゆっくりと大きな蛇が這い寄っていた。
――ハブだった。
体長が二メートル以上ある大型のハブが、池原さんに向かってきている。
逃げ出したいが、突然のことに足が竦《すく》んで動くことができない。
〈駄目だ……噛まれる〉と、絶望した。
が、ハブは池原さんの股の下を潜ると、何もせずにどこかへ行ってしまった。
〈……ここ、ハブの巣だったんだ〉
池原さんは怖くなり、慌ててその場を離れたという。

池原さんはアイスクリーム売り場に戻り、ひとまずパイプ椅子に腰掛けた。

〈さっきは、危うく殺されるところだった〉と思うと、緊張が収まらなかった。

まだ鼓動が高鳴って、喉がひりひりと渇いている。

だが、バイトが終わるまで、だいぶ時間が残っていた。

「で、とりあえずジュースでも飲んで、落ち着こうかと思ったんです」

何気なく、クーラーボックスを開けると——ハブがいた。

アイスキャンディーの上で蜷局《とぐろ》を巻き、〈じっ〉とこちらを睨んでいる。

頭の中が、真っ白になった。

やがて、ハブは緩慢な動きでクーラーボックスから這い出ると、再び池原さんの股の下を〈するする〉と通り抜けていった。

「それで、その日の晩に母親に話したんです。二回もハブに股の下を潜られたって」

すると母から「馬鹿、あのガマは御嶽《うたき》だよ。男が入っちゃ駄目な場所だ」と叱られた。

ユタの聖域である御嶽では、男子禁制のところが多いという。

——それ、警告だからね。次は許さないってことだよ。

そのことがあってから、池原さんは御嶽に近づかなくなったそうだ。

わっぱ煮

新潟の粟島に「わっぱ煮」という郷土料理がある。

わっぱと呼ばれる木製の器に、焼いた魚や浅蜊《あさり》、葱《ねぎ》を盛って味噌仕立ての汁を注ぎ、高温に熱した石を落として煮るという、なんとも豪快な磯料理なのだとか。

新潟市内で旅館を営む浦澤さんは、この「わっぱ煮」を宿泊客の食事に提供していた時期がある。もっとも、同じ県内とはいえ、彼の旅館と粟島とは何の所縁《ゆかり》もなく、単純に〈自分の旅館に名物料理が欲しい〉というだけの、思い付きだったらしい。

ただし、お客様の食膳に添えるのであれば、本格的にやらなくてはならない。

特に、わっぱに焼き入れる石は、現地のものを使うべきだと思い定めていた。

浦澤さんはすぐさま粟島に渡ると、海岸で石をリュックサック一杯に詰め込んで、帰ってきたのだという。

「まぁ、若気の至りって奴でね。元々、俺自身『わっぱ煮』が好物だったってこともあるけどさ。当時は旅館の経営を任されて、色々と意気込んでいたから」

彼の予想通り、新しくメニューに加えた「わっぱ煮」の評判は上々だった。

次第にこの料理目当ての宿泊客も増え、万事が上手く運んでいるように感じた。

だが、数ヵ月ほど経ったある日、彼のもとに苦情の手紙が届いたという。

送り主は匿名だったが、文末に粟島の出身者とだけ記してあった。

「手紙には、『勝手に粟島の郷土料理の名前を使うのはよくない』って書かれていてね。それに、石コロだって観光資源の一部だから、戻してやってくれって」

それを読んで自分の過ちに気づいた浦澤さんは、旅館で使っていた石を段ボールに詰め、謝罪の手紙を添えて粟島の観光協会に送り返した。

そして「わっぱ煮」も、旅館のメニューから外してしまったのだという。

「まぁ、言われてみれば当然なんだけどね。ただ、自分用に五個だけ石を取っておいたんだよ。自分の家で食べる分にはいいかなって。誰にも言わず、内緒でね」

彼は連日のように「わっぱ煮」を作っては、自宅で舌鼓を打ったそうだ。

その頃はまだ独身だったので、好き勝手な食事ができたのである。

だがある晩、帰宅して「わっぱ煮」を作ろうとすると、粟島の石が見つからない。

台所を隅から隅まで探してみたが、どこにしまったものだか、石は出てこなかった。

「でも、そんなはずはないんだよ。ひとりで暮らしているから、勝手に捨てられることはないし……石も、間違いなく前日に使っていたからね」

結局、家中を探しても粟島の石は出てこなかった。

そうかと言って、「わっぱ煮」を自宅で味わえなくなるのは、なんとも惜しい。

仕方なく浦澤さんは、新しい石を入手するために、再び粟島へ渡航したという。

そして何食わぬ顔で海岸を訪れると、足元に転がっている石を拾い上げた。

——えっ、まさか？

手に取った石の表面に、「浦」という字が彫ってあった。

浦澤さんの、名字の一文字だった。

「……俺さ、自分が使う石にだけ、「浦」の字を彫っておいたんだ」

しかし、自宅でなくした石が、なぜ粟島の海岸に転がっているのかわからない。

それも、たまたま最初に拾い上げた石が、である。

気味が悪くなった浦澤さんは、石を持ち帰るのをやめて、そのまま帰宅した。

自宅でわっぱ煮を作るのも、諦めたという。

「その土地にある物はさ、よそ者が勝手に動かしちゃ駄目ってことなんだろうね」

自戒するように、浦澤さんは頷いた。

焼き肉

山陰地方のとある商社で営業職に就いている、佐々木さんの話だ。

あるとき彼は、課長と同行で隣県にある得意先を訪れた。

社用車で片道二時間も掛かる、遠距離の外出だったという。

「商談が終わって客先を出たときは、夜の九時を回っていたかなぁ。帰りにどこかの飲食店に寄ろうって言っていたんだけど、県境の山道じゃ、店が見つからなくてさ」

仕方なく道なりに車を進めていると、山林の途切れた道端に牛丼屋を見つけた。

街中でよく見かける、某有名チェーン店だった。

他に選択肢もなく、ふたりはその牛丼屋で夕飯を済ませることにした。

「ところがさ、いざ店内に入ったら、肉を焼く匂いがするんだよ。あれっと思ったら、数人の先客がテーブル席で焼き肉をやっていたんだわ」

店員に聞くと、その店のオリジナルで、焼き肉の食べ放題をやっているのだという。

見ると、確かに店の奥には、大皿に盛られた薄切り肉が置いてある。

「まぁ、折角だから焼き肉にしようかって、ふたり分を頼んだんだよ……でもさ、それがクソまずい牛肉でねぇ。とにかく堅くて、肉が中々噛み千切れないんだよ。『これ、本当はゴムなんじゃないか』って、課長が愚痴《ぐち》っていたっけ」

それでも〈元を取らなければ〉と、彼らは堅い肉をひたすら頬張り続けたという。


その翌朝、酷い胸やけで目を覚ました佐々木さんは、慌ててトイレに駆け込んだ。

そして、胃袋がひっくり返るほど、大量に吐いたのだという。

やがて吐き気が収まり、何に当たったのかと吐瀉物を確認すると、黒く細長い板状の異物を数枚見つけた。

摘み上げると、真っ黒な異物の表面に、幾何学的な矩形《くけい》の溝が刳《えぐ》ってある。

それは、タイヤの表面を薄く削《そ》いだものにしか見えなかった。

「また吐いたよ……ゲップはゴム臭いし、俺は何を食わされたのかって思うとさ」

その日、遅れて出社した佐々木さんが、課長に話し掛けると――

「タイヤだろっ！　その話はもういいっ！」と、言葉を遮られたという。


後日、確かめに行ったが、幾ら探しても山道に牛丼屋は見つからなかった。

その代わり、古タイヤが山積みにされた資材置き場を、数か所で見掛けたという。

蝿《はえ》の湧く部屋

知り合いの佐倉さんの話である。

以前、彼女は横浜にあるマンションの五階に住んでいた。
そこで旦那さんと暮らし始めて、三年目のこと。
部屋中に、小バエが湧くようになったのだという。
生ごみを溜めないよう心掛けてはいるのだが、なぜか減る様子がない。
そのうち、黒い芋虫が頻繁に床を這いずるようになった。
見つける度にティッシュで抓《つま》んで捨ててはいるが、いくらやってもキリがない。
図鑑で調べると、芋虫ではなく「ハサミムシ」の幼虫なのだと知れた。
だが、なぜ部屋の中に虫が入ってくるのかが、わからない。
知り合いに聞くと、排水管から這い上がってくることもあると言われた。
早速、佐倉さんは排水管用の洗剤を買い込み、片っ端から流し込んでやったという。
それでも、小バエやハサミムシは一向に減らなかった。

〈そうだ。天井裏じゃないかしら？〉
マンションなので忘れていたが、部屋に一ヵ所だけ、天井裏と呼べる場所があった。
ユニット式の浴室である。
浴室の天井には点検口があり、そこだけは天井裏と繋がっていた。
もしかしたら、その天井裏に虫が湧く原因があるのかもしれない。
試しに点検口を覗き込むと、〈ぼた餅〉のような塊《かたまり》が落ちていた。
じっくり観察する気にはなれないが、ワサワサと虫が群がった鼠《ねずみ》の死骸だと思った。
佐倉さんは夫に事情を説明し、天井裏の死骸を始末して欲しいと頼んだ。
夫は渋々ながらマスクをつけると、数枚のごみ袋を片手に脚立を上ったという。
当時、まだ家庭で使われていた黒いごみ袋である。
そして、ごみ袋を直接死骸の上に被せると、そのまま丸め込んで口を縛った。
「これでもう、虫は湧かないだろう」
夫にそう言われ、佐倉さんはひと安心した。
だが、一ヵ月も経つと、再び小バエが飛ぶようになった。
そのうち、ハサミムシも這うようになる。

〈また、天井裏で鼠が死んでいるのかしら？〉

不審に思った彼女は、夫に頼んでもう一度、天井裏を掃除して貰うことにした。

予想通り、夫は天井からごみ袋を下ろしながら、「またいたよ」と顔を顰《しか》めた。

やはり、死骸が腐って虫が湧いていた。

「このマンション、鼠の駆除をしていないのかしら？」

割り切れない思いで、夫婦はお互いに顔を見合わせたという。


それから暫くして、また虫が湧いた。

今度は、管理人に苦情の電話を入れることにした。

「事情はわかりました。こちらで処理しますので、それまで触らないで下さい」

数日後、管理人が清掃業者を連れて部屋を訪れた。

そして、あっと言う間に天井裏から死骸を除去してくれた。

さすがにプロの仕事だと感心したが、そもそもマンションに鼠がいること自体、衛生上の問題である。

「ちゃんと、鼠の駆除をやって貰えませんか？」

夫が、管理人に文句を言った。

すると、「どういうことでしょう？」と管理人が聞き返す。

「だから、鼠がいるから虫が湧くんだし、早めに駆除して欲しいんですっ！」

半ばキレ気味に言うと、管理人が怪訝な顔をした。

「あれっ、天井の死骸を見なかったんですか？　あれは鼠なんかじゃありませんよ」


――うさぎです。普通の。


管理人は「駆除対象にならないんですよね」と言うと、さっさと帰ってしまった。

それ以上のことは、聞く気にもならなかったという。

その後、数年ほど佐倉さん夫妻は同じ部屋に住み続けたが、二度と虫が湧くことはなかった。

なぜ、天井裏に「うさぎ」がいたのか、その理由はいまでもわからない。

白手袋

地方に住む高田さんが、会社の帰りに暗い田舎道を歩いていたときのことだ。

前方の路肩に、一台のタクシーが停まっているのに気がついた。

休憩でもしているのだろうか、ウインカーもテールランプも点いていない。

だが、運転席側の窓に白い手袋が見えた。

車内から、こちらに向かって手を振っているようだった。

〈なんだろう?〉と、近寄って車内を覗き込む。

――車内に人はおらず、白い手袋が運転席に〈ぽつん〉と置かれているだけだった。

すると、道路脇の木立を〈ガサガサ〉と鳴らしながら、運転手が現れた。

立ちションベンでもしてきたのだろう、ズボンのジッパーを引き上げながら、高田さんに訝《いぶか》しげな視線を送っている。

そのまま運転手はタクシーに乗り込むと、さっさと走り去ってしまった。

〈その車、他に誰か乗っているぞ〉と教える訳にもいかず、高田さんは黙って見送ることしかできなかったという。

赤黒い

体調を崩したのを機に引退されたが、中澤さんは数年前まで少年誌に数本の連載を抱えた、人気の漫画家だった。

そんな彼が、現役だった頃の話である。


当時、中澤さんは都内にある九階建てのマンションに、二部屋を借りていた。

元々、七階にある自宅を仕事場兼用で使っていたのだが、スタッフが増えたせいでだいぶ手狭になっていた。

そのため、二階に追加でもう一部屋を借り、新たな自宅としたのである。

ある日のこと。

中澤さんは、昼過ぎになって目を覚ました。

多忙で連日徹夜が続き、いつもよりも長く寝過ごしていた。

もっとも、前日に原稿を仕上げていたので、いまは取り立てて慌てる必要もない。

ただ、事務的な仕事が残っており、ひとまず仕事場へ向かうことにした。

携帯を片手にエレベーターに乗ると、七階のボタンを押した。

着信履歴を調べているうちに、エレベーターの自動ドアが開いた。

〈あれっ、もう夕方かぁ？〉

廊下に出ると、空が真っ赤に染まっていた。

まるで赤いセルロイドを透かしたような、毒々しい夕焼けである。

上空には残照を照らした赤黒い雲が幾つも浮かんで、酷く不気味に見えた。

ふと、廊下の風景が、日頃見慣れた七階のものと異なることに気がついた。

頭上に雨除けとなる屋根がなく、いつもよりも視界が開けている。

どうやらうっかりして、最上階の九階にまで上がってしまったらしい。

「そこのマンションって、九階には庇《ひさし》がなかったんだよ。そのせいで、降りる階を間違えたって気づいたんだけどね。で、戻ろうかと思って……」

背後を振り返ると、エレベーターが閉じる寸前だった。

慌ててドアに片手を差し込み、無理矢理エレベーターに乗り込んだ。

そして、仕事場がある七階で降りた。

——その瞬間、絶句した。

廊下から見える空は青く、きれいに澄み渡っていたのである。

「嘘だろ……」

思わず、廊下の手摺りにまで駆け寄った。

そこには、目に沁みるような秋晴れと、朗らかな街並みが広がっているだけだった。

携帯を見ると、まだ午後二時を過ぎていない。

試しに非常階段で九階まで上ってみたが、やはり空は晴れたままである。

「……でも、いま思い出すとさ、俺が見た赤黒い雲って、どれも全体がぐるぐると渦を巻いていたんだよ。まるで、赤黒い渦潮が、空に浮かんでいるみたいだった。だけどさ、そんな奇妙な雲なんて見たことないだろ？」

後になって中澤さんは、この体験を友人たちに話してみたことがある。

すると、ひとりの友人が「もし、エレベーターに間に合わなかったら、いま頃どうなっていたのかな」と呟いた。

そう言われて初めて、彼は心の底から〈ぞっ〉としたのだという。

翌年、中澤さんは漫画家を引退し、そのマンションから引っ越した。

多目的トイレ

地方銀行に勤める斎藤さんが、事務室で残業をしていたときのことだ。

警備員から内線があり、「すぐフロントに降りてきて欲しい」と頼まれた。

時刻は夜の十時過ぎ。急いで駆けつけると、年配の男性が警備員に肩を揺すられていた。その恰好が、異常だった。

ズボンとパンツを膝までずり降ろし、壁際でぶるぶると震えているのである。

〈まさか、店内で強盗にでもあったのか？〉

だが、幾らカウンターを閉じているとはいえ、出入り口には警備員が待機している。

まず、そんなことはあり得ない。

とりあえず男性を警備員室に連れて行き、介抱することにした。

暫くして、落ち着きを取り戻した男性は、「お恥ずかしい姿を……」と恐縮した。

彼は名前をTさんといい、地元のタクシー会社の社長なのだという。

その日はたまたま、店の売り上げをＡＴＭに預けに来ていたらしい。

「宜《よろ》しければ、店内で何があったのか、お聞かせ願えませんか？」

斉藤さんが訊ねると、Tさんは渋々ながらも説明を始めた。
その内容はこうだ――

最近、Tさんのタクシー会社で、妙な噂話が広まっている。

深夜、運転手が公衆トイレの個室を使うと、ドアの上の隙間から覗かれるというのだ。

相手は中年のおばさんで、何も言わず頭上から〈じっ〉と見詰めてくるらしい。

その顔は風船のように〈ぱんぱん〉に腫れ上がっており、実に気味が悪い。

しかも、おばさんは街中にある公衆トイレの、いたるところに出没するのである。

あるとき、ひとりの運転手が「アンタ、何してんだ?」と声を掛けたそうだ。

すると「お前が便器を汚さないか、見張っているんだよっ!」と怒鳴られたという。

また、ある運転手は、ドアの前でおばさんが行ったり来たりを繰り返すので、個室から出られなかったらしい。時々、ドアの下の隙間から、おばさんが顔を覗かせたというのだ。

〈もし、それが本当なら、酷い嫌がらせだし……業務妨害じゃないか〉

安全管理の一環として、Tさんは部下に事実確認をするように命じたという。

すると調査の結果、運転手のほぼ全員が似たような体験をしていた。

更に奇妙なことに、個室の外でおばさんを見た者はいなかった。

なんでも、個室から出た瞬間に、おばさんは姿を消してしまうのだという。

まるで怪談噺《ばなし》のようで馬鹿々々しいと思ったが、放ってもおけない。

聞くと、すでに一部の運転手たちは、多目的トイレを利用し始めていた。

普通の個室と違い、多目的トイレのドアには隙間が空いておらず、覗かれる心配がないのである。それもひとつの解決策だと考えたTさんは、夜間勤務中は多目的トイレだけを使うようにと、社員たちに指示をした。


そして、この日。

銀行に売り上げを預けに来たTさんは、入金後に便意を催した。

どうしたものかと店内を見回すと、フロントの隅にお客様用のトイレがある。

これ幸いと駆け込んだが、途中で多目的トイレのことを思い出した。

見ると、男子用トイレの奥に、「多目的」と手書きで書かれた個室があった。

Tさんはそこを選び、早速、洋式の便座に腰を下ろした。

――と同時に、背筋が〈ぞくり〉とした。

思わず、視線が上に向く。

個室のドアの上にある広い隙間に、人の顔があった。

顔面を紫色に腫らした、おばさんだった。

『汚すんじゃないよっ！』

そう怒鳴られ、パニックになってトイレを飛び出した。


「その後に、警備員さんに助けられたんだよ……いや、まさか本当に自分が体験することになるとは、思ってもいなかった」

そう言って蒼ざめるTさんに、斉藤さんは素直に謝ることにした。

実は、斉藤さんの銀行では予算が足りないために、多目的トイレを設置できなかったのだ。だが、以前からお客様の要望は多かった。

そこで普通の個室を二つ繋げて間取りを広げ、多目的トイレっぽい構造に仕上げ直していたのである。

「そうか……それじゃあ、おばさんが覗くわけだ」と、Tさんが苦笑いした。

数ヵ月後、Tさんにも寄付を頂き、銀行に正式な多目的トイレが設置された。

ただ、なぜTさんの会社の社員だけが奇妙なおばさんに付き纏《まと》われるのか、その理由は最後まで聞けずじまいだったという。

筆石

中川さんが以前住んでいた地域には、「賽《さい》の河原」と呼ばれる川がある。

もっとも、観光名所と呼ばれるほどの場所ではなく、単に海岸沿いにある洞窟から小川が海へと流れているだけの、小さな砂浜なのだという。

ただし、年に数回、満潮時に海側が水嵩を増して逆川となり、海水が洞窟へと流れ込むことがある。

それが「賽の河原」と呼ばれる所以《ゆえん》なのだという。

すなわち、海は「産み」を意味し、そこから「黄泉《よみ》」に繋がる洞窟へと生命が流れ込む様が、再現されるという訳なのだ。

中川さんの実家は「賽の河原」から、ひとつ丘陵を越えた町外れにあった。


高校の部活帰りのこと。

風の少ない穏やかな夜で、中川さんは気晴らしに海辺に下り、砂浜を歩いたという。

やがて、前方に「賽の河原」が見え始める。

ちょうど満潮時のようで、逆流した海水が砂浜を削って川幅が広くなり、このままでは飛び越えるのが難しそうに思えた。

——あれは、なんだろう？

月明りが照らした川の水面に、何かが浮んでいるのに気がついた。

それは、膨らませたビニール袋に帆柱を立てたような浮遊物で、まるで精霊流しのように、幾つもが海から洞窟へ向かって流れ動いている。

一見して、クラゲの類《たぐい》のように思えた。

興味を持った中川さんは、手頃な棒きれを拾い、浮遊物をかき寄せようとした。

そのとき——ふと覗き込んだ川の中に、幾匹もの魚影を見た。

あまり馴染みのない形をした魚が、群れになって川を遡《さかのぼ》っている。

甲冑《かっちゅう》のようにつるりとした、鱗《うろこ》のない魚。

頭がブーメラン状の、奇妙な魚。

まるでシダの葉のような羽を、何枚も蠕動《ぜんどう》させている蟲《むし》っぽい生き物までいた。

そのどれもが、僅かに〈ぼうっ〉と発光して見えた。

〈随分、変わった魚だな。でも、図鑑で見たこともあるような……〉

中川さんは浮遊物を足元まで引き寄せると、そのまま棒きれに突き刺して、家に持ち帰ることにした。

しかし、帰路の途中でふと見ると、浮遊物は跡形もなく消えていた。

〈どこかで落としたか?〉と残念に思ったが、すでにだいぶ遅い時間になっている。

明日、また採りに行けばいいかと、その晩は家に帰った。


翌日の朝、もう一度「賽の河原」を訪れたが、昨晩見た浮遊物や奇妙な魚を見つけることはできなかった。

川幅も元に戻っており、緩やかな河水が海へと流れ込んでいるだけだったという。

「でも、いまだによくわからないんです……僕があの晩に見た生き物って、現代の生き物図鑑には載っていなくて。特にあの川に浮かんでいたクラゲは、『筆石』っていう古生代の生き物とそっくりだったような気がして……」

その日から、毎晩浜辺を歩くようになった。

だが、あの奇妙な生き物たちと、再び出会うことは叶わなかったという。

定時巡回

都内で交番勤務に就いているFさんは、最近あることに気がついた。

彼が毎晩、巡回で空けている間に、無人の交番を訊ねてくる老婆がいるらしいのだ。

と言うのも、彼が詰める交番では、警官の不在時も出入り口の施錠は行わず、その代わり室内を監視カメラで録画している。

その映像を確認すると、毎晩決まった時刻に老婆が〈ひょい〉っと、入り口から顔を覗かせるのだという。

もし、彼女が相談ごとを抱えて訪ねてきているなら、警官が不在なのは心苦しい。

連日、この時間帯にしか来ないのも、何かの事情があってのことかもしれない。

そう考えた彼は、ある晩、普段より早めに巡回を終わらせることにした。

そして、入り口を開けたまま、件の老婆が訪れるのを待った。

だが、その晩に限って、いつまでたっても老婆は姿を見せなかった。

〈仕方ないか〉と諦めたが、念のために録画映像だけは確認しておくことにした。

——その晩も、同じ時刻に老婆は訪れていた。

だが、なぜか映像の中の自分は、まったく気がついていない。

目の前で老婆が、Fさんの頭のてっぺんから爪先まで〈ねっとり〉と睨《ね》め回しているのにも関わらず、である。

それ以降、Fさんは警邏巡回の時刻を変えることはなくなった。

件の老婆は、いまも監視カメラに顔を見せている。

ぷれみあむ　ふらいでい

栃木の片田舎で警官をやっている島田は、つい最近、変わった男性を保護した。

その男性は村里から山林へ繋がる細い車道で、大の字になって寝ていたという。

半袖のシャツを着たサラリーマン風の若い男で、島田が管轄する村内では馴染みのない顔だった。

時刻は、金曜の夜八時。

通報を寄こした宅配便の社員によると、危うく社用車で轢くところだったらしい。

男性はかなり泥酔している様子で、質問をしてもまったく要領を得なかった。

業を煮やした島田は、男性を駐在所まで引っ張り、「あんた、そんなに酔っ払うまで、一体どこで飲んでいたんだ?」と質問した。

すると男性は暫く考え、ポツリと「……世田谷」と答えた。

身分証を調べると、確かに男性は都内にある商社の社員で、住所は武蔵野である。

その日は会社の飲み会で、夕方六時から下北沢の居酒屋で飲み始めたのだという。

……ちょっと待て。

県庁所在地である宇都宮でさえ、世田谷から直線距離で百キロ以上離れている。ましてや、島田のいる村は、最寄り駅から車で一時間を要する場所にあるのだ。どんなに上手く鉄道を乗り継いでも、二時間やそこらで辿り着ける距離ではない。

証言を疑った島田は、所持品の携帯電話から番号を調べて、彼の会社の同僚に連絡を取ってみることにした。

すると電話に出た同僚は「奴さんなら、一緒に飲んでいるけど……あれ、そういえばアイツ、どこ行った？」と、酔笑交じりに答えたという。


その後も取り調べを続けたが、本件に事件性を見出すことはできなかった。

別段、所持金や持ち物が盗まれた形跡もない。

居酒屋で飲んでからの男性の記憶は、酷くあやふやだったという。

結局、島田は翌朝に男性を最寄り駅まで送り、そのまま電車で帰宅させてやった。

翌日、上司には〈酔った男性を一晩だけ保護した〉と報告することにした。

詳しく説明して、矛盾点をあれこれと追及されるのが嫌だったからである。

天井

佐藤さんは大学生の頃、実家で阪神大震災に被災している。

だが、幸いなことに両親と妹の家族全員が、誰ひとり怪我をせずに済んだという。

一方、実家は支柱が傾いてしまい、半壊となってしまった。

「せやけど、まったく住めないこともないし、第一、他に移るところもなくて。とりあえず雨漏りだけは避けて、屋根にブルーシート被せることになったんやけど」

〈お前、ちょっと天井開けて、屋根に上ってこい〉と父親に命令された。

なんでも、屋根に上るための天窓が天井裏にあるらしい。

仕方なく、妹の部屋の押入れの天板を外して、頭を突っ込んでみた。

——正面に、人の顔があった。

見たこともない男を写した、白黒のポートレート写真だった。

同様に写真を貼りつけた数枚の白い皿が、フォトスタンドのように天板に置かれて、佐藤さんを〈ぐるり〉と取り囲んでいた。

男性、女性、老人に子供、赤ん坊。どれひとつ、見知った顔はない。

これは――アカン奴や。

佐藤さんは、突っ込んだ頭をそのまま下げて、一階に降りた。

ただ、これを父親に言うとややこしくなりそうなので、母親に「ちょっと、見てくれるか」と頼んだ。

「……これは、アカン奴やな」と、母親も頭を引っ込める。

〈妹が怖がるから、黙っとこうな〉と話し合った。

その後、母親に聞くと「あの写真、前に住んでいた人と違うよ」と言う。

家を購入する際、母親が直接に以前の家主と交渉したので、確かなのだという。

「ただ、あれは普通の家族写真とは違ったように思うんや。写真に、ひとりずつしか写ってなかったし、被写体もバラバラで統一感がなかったから。それと、もうひとつだけ、わからんことがあって……」

思い返してみると、倒れている皿や写真が一枚もなかったのだ。

あれほどの震災で、しかも家屋が傾いているのにも関わらず、である。

数ヵ月後、実家は取り壊してしまったので、写真を見たのはそれが最後となった。

ロフト

数年前、広野さんは都内でアパートを借りた。

寝室とリビングだけの手狭な間取りだったが、リビングの片側の壁が天井近くで引き込んであって、ロフト構造になっていたという。

「ロフトの部分は二畳くらいだったかしら。梯子《はしご》で登るんだけど、ちょっとした屋根裏部屋みたいで、いいかなって。内検して、その日のうちに契約したわ」


引っ越しの当日。

荷物の搬入を終えた彼女は、ひと休みするつもりでロフトに寝転がると、いつの間にか寝入ってしまった。

――グゥゥ……ギッ、グフゥゥ
どのくらい寝ていたのだろう、妙な物音で目が覚めた。

物音は横向きで寝そべっている広野さんの、後頭部の辺りから聞こえている。

いや――物音ではない。

誰なのかわからないが、〈人の呻《うめ》き声だ〉と気づいた。
だが、部屋の鍵は掛けておいたはずだった。
〈合鍵だわ……きっと、前の住人が合鍵で入ってきたんだ〉
錠前を交換しなかったことを後悔したが、もう遅い。
それよりも、背後にいる不審者から、逃げ出す方法を考えなければならなかった。
「……グゥゥウ」呻き声が一段と激しくなった。
〈もう、これ以上は無理〉と、覚悟を決めた。
次の瞬間、素早く半身を返して、一気に片膝立ちになった。
――だが、どこにも人影がない。
〈あれっ？　確かに、人の気配がしていたんだけど……〉
ふと、足元に視線を落として――全身が総毛立った。
ロフトのフローリングに、おかっぱ頭のお鉢が置いてあった。
前髪の下には、ピンポン玉のように膨らんだ二つの眼球が、彼女を見上げている。
それは、両目から上だけを床から突き出した、知らない男性の頭部だった。
「うぎゃあああああああぁぁぁ」
広野さんはお鉢を飛び越え、ロフトから転がり落ちるようにして逃げ出した。

暫くして部屋に戻ってみると、お鉢はなくなっていたそうだ。

結局、その後も広野さんは、同じ部屋に住み続けることにした。

気味が悪いとは思ったが、再び引っ越しをする余裕などなかったのである。

「……それに、いざ住んでみると、なにも起こらなかったのね……もしかしたら、引っ越しのときの出来事は、疲れて寝惚けていただけなんじゃないかって」

しかし、暮らし始めて半年後、広野さんはアパートを引っ越すことにした。

「ひとつだけ、気がついたことがあって……」

その部屋で暮らすのが、嫌になったのである。

仕事帰り、部屋に入る直前のことだ。

たまたま廊下に顔を出した隣室の女性に、呼び止められた。

聞くと、広野さん宛の小包が、そこのお宅に誤って配達されたのだという。

「私、うっかり受け取っちゃって。ちょっと待っててくれる？　すぐ取ってくるから」

そう言うと、女性はドアを開け放したまま、部屋の奥へと姿を消した。

広野さんは、見るともなく隣室に視線を巡らせて――愕然とした。

お隣の部屋は、広野さんの部屋のロフト側と隣り合わせとなっている。

だが、てっきり自分の部屋に突き出していると思っていた隣室の壁が、実際は真っ平らで、押入れや収納があるようには見えなかったのである。

「それって、うちのロフト下のスペースが、どちらの部屋にも使われてないってことだよね……部屋と部屋の間に『何もない空間』があるのって、なんか変じゃない？」

それも、収納として十分使える広さの空間である。

そのことに気づいた途端、部屋にロフトがあることが酷く怖くなったのだ。

「それ以上は追及するのをやめて、引っ越しちゃったの……だって、私が最初の日に見た『頭のお鉢』と、無関係には思えないでしょう？」

次に借りたアパートでは、いまのところ不可解なことは起こっていない。

伝言板

佐藤さんが自宅の最寄り駅に、終電で帰ってきたときのことだ。

改札を出た正面の歩道に、伝言板が建てられていることに気がついた。

最近では見掛けなくなった、黒板にチョークで書き込む伝言板だった。

〈あれ？　こんなところ、伝言板なんかあったたか？〉

少なくとも、朝に見た覚えがない。

ただし、この駅は普段から駅員が常駐しない、無人駅である。

いつの間に伝言板を設置したのかと、駅員に聞くこともできなかった。

見ると、伝言板の中央にチョークで文字が書いてある。

『○○様、子宮摘出手術、麻酔から覚めず』とあった。

〈気持ち悪いことが書いてあるな〉と興味を持った佐藤さんは、メモ帳にその文言を書き写しておくことにした。

帰宅した佐藤さんは、奥さんに「いつ伝言板、建てよったんやろ？」と聞いた。

すると「あそこには建てられへんよ。だって地面、アスファルトやん」と言う。

言われてみると、あれほど大きな伝言板を設置するならば、地面に支柱を通しておかなければならない。

だが、ここ最近、駅で工事をしている作業員の姿を見ていなかった。

明日、もう一度調べてみようと思い、その晩は床に就くことにした。

翌朝、始発に乗ろうと駅舎に向かったが、伝言板はどこにもなかった。

書いてあった文言も、いまだに意味がわからない。

送電塔

藤石さんは、とある大きな電力会社で、送電塔の整備業務に就いている。

毎日、地方の山々に赴いては、山頂にある送電塔を上るのだそうだ。

「この仕事を始めて、かれこれ二十年近くなるかな。うちの会社、いまじゃ世間の風当たりがだいぶ強いけど……まぁ、俺らの仕事には直接関係ないからね。こっちはこっちで、こつこつ地道にやっていくだけさ」

そんな藤石さんが、つい最近体験された話である。


その日、送電塔に上った藤石さんは、暫し目を見張った。

この次に点検を行う予定の送電塔に、ぽつんと人影が座っていたのだ。

それも、相当高い場所に、である。

もっとも、ここから一番近い場所にある送電塔ではあるものの、それぞれが別の山頂に建てられているので、距離はかなり離れている。

携帯したスコープを覗いても、はっきりとは見えなかった。

「時々さ、悪戯《いたずら》で鉄塔に上ろうとする奴はいるんだよ……ただ、さすがにあんな高いところまで上っている奴は、見たことがなくて」

当然だが、一般人が百万ボルトの送電線に近づくことなど、あってはならない。

万が一、感電でもすれば、高電圧に弾かれ空中に投げ出されることになる。

或いは、その場で瞬時に燃え尽きて、炭化する可能性だってあるのだ。

「遠くに見える影に、命の危険を感じてね。いましがた上ったばかりだったけど、すぐに整備を切り上げて、次の送電塔へ向かうことにしたんだ。地方の山奥だし、警察を呼ぶよりは早いからね」

トランシーバーで相方に連絡すると、一も二もなく応諾してくれた。

急いで梯子《はしご》を降りていると、ふと、向こうの送電塔に座る人影が、こちらに片手を振っているのが見えた。

業務用の軽トラで駆けつけたが、すでに人影は見当たらなかった。

無事に下りられたのかと、まずはひと安心する。

だが、送電塔に悪戯をされていないか、調べておく必要がある。

細心の注意を払いながら、人影が座っていた付近まで上ってみた。

すると、支柱を補強する細めの鉄骨に、小さな布切れが結ばれているのを見つけた。

ぎゅっと片結びされた布切れで、偶然巻きついたようには見えない。

しかし、それ以外に気になる箇所はなく、藤石さんは地上へ引き返すことにした。

周囲を探ってきた相方も、近くに人がいる気配を感じなかったという。

「やっぱり、逃げたんだろう」

そう言いながら、送電塔から外してきた布切れを広げると、小さなレジャーシートであることがわかった。

表面にアニメのキャラクターがプリントされた、子供用の敷布である。

何の意図があって、あれほどの高所に括《くく》り付けたのかはわからない。

残りの点検を済ませると、ふたりは事務所に戻ることにした。


夕方、報告書を作ろうと、仕事机の上にレジャーシートを広げてみた。

何の変哲もない、ただの布切れにしか見えなかった。

だが、ふと気になって、裏側にひっくり返してみると――

〈ヒ　ト　リ　ハ　サ　ミ　シ　イ　ヨ〉

無地の裏面に、細く拙《つたな》い字で書き殴ってあった。

子供が書いた字のようにも見える。

一瞬、送電塔に座っていた人影のことを思い出した。

やけに座高が低く、華奢な体格の小さな影。

——あれは、幼少の子供の姿ではなかったのか？

だが、いまさらそれを確認する手段などない。

相方と口裏を合わせ、今日のことを上司に報告するのはやめておいた。


最近、送電塔に上ると、ふいに作業服の袖を引っ張られることがある。

無論、作業員の他には、誰も送電塔に上っていない。

「だからってバランスを崩すほどではないし、安全帯も付けているから、さほど危なくはないんだけど……さすがに、ちょっと嫌なんだよ」

近いうち、地元の神社にお祓いに行くと、藤石さんは吐き捨てるように言った。

おじゃりんぼう

木嶋さんは、都内に住む四十代の主婦である。

あるとき、仲間内の飲み会に出かけていた夫から、「病院にいるから、保険証を持って来て欲しい」と、電話があったそうだ。

慌てて駆けつけると、夫が病室のベッドに寝かされていた。

医者の説明では、飲み屋で出された牡蠣《かき》鍋にあたったらしい。

なんでも、ひとりの友人を除いて、牡蠣を食べた全員がその場で倒れたのだという。

見ると、バツの悪そうな顔をした男が、ひとりだけ突っ立っていた。

「その人、頭を下げながら『久我です』って自己紹介してきたの。でね、そのとき急に気がついたのよ、久我君が私と同じ村で育った人だって。勿論《もちろん》、向こうは私のことなんて覚えてないみたいだったけど……彼はある意味、地元で有名人だったから」

木嶋さんは、信越のとある雪深い地域の出身である。

そして、件の久我君は二学年、年下だった。

「確か、久我君が三年生のときの出来事だったと思うんだけど」

当時の話だ。

ある冬の日、学校が終わって帰路に就いた久我君は、何人かの生徒と一緒に山沿いの通学路を歩いていた。

その年は連日雪が降り重なり、積雪が厚かったという。

通学路も雪で覆われ、歩道と崖の境目さえ見分けづらくなっていた。

そんな中、うっかり足を滑らせた久我君が、崖の下へと転落してしまった。

「あっ、あいつ落ちたぞっ！」

その様子を目撃していた年長の生徒が、彼を助けようと崖を下りていった。

崖にはさほどの高低差がなく、また積雪がクッションとなるので、すぐに助け出せると考えたのである。

だが、崖下に下りても白い平野が広がるだけで、久我君の姿は見えなかった。

そのうえ、崖下の雪溜りに足を取られて、足を挫《くじ》いてしまった。

結局、年長の生徒は久我君を助けるどころか、自分自身が進退窮《きわ》まってしまったのである。

しかし幸いなことに、暫くすると数人の大人が崖上から助けに来てくれた。

彼が崖を下りるのを目撃した別の生徒が、近隣の民家に助けを求めてくれたのだ。

こうして年長の生徒は危ういところを救助されたのだが、最初に滑落した久我君を見つけることはできなかった。

慌てた大人たちは村の消防に連絡し、急遽、捜索隊が組まれることになった。

それと同時に、隊員のひとりが久我君の家に事情を説明しに向かった。

「はっ？　うちの息子なら、夕方から家にいますけど」

久我君の母が、玄関先で呆れた。

確認しようと隊員が上がると、久我君は居間の炬燵《こたつ》で幸せそうに寝ていたという。


「私はその話を学校で聞いたの。一時は村中が騒ぎになっていたからね。でも、当の本人は我関せずって感じだったかしら。崖を落ちた覚えもないんだって」

それを聞いた木嶋さんは、そんなことが起こるものなのかと不思議に思った。

そして、自宅に帰ってお祖母《ばあ》さんに、久我君の話をしてみたのだという。

「久我んところの倅《せがれ》は、『おじゃりんぼう』じゃったか――」

お祖母さんは話の顛末を聞くなり、そう呟いた。

そして、木嶋さんを見詰めて、「もし、久我の倅が難儀していても、助けてはいかんよ」

と教えたそうだ。

「でも、私の故郷って雪で閉ざされた小さな村落でね。村の中では、助け合いの心意気が強いの。なのに、どうして村八分みたいなことを言うのかなって……」

お祖母さんに聞くと、村では何年かにひとり、「おじゃりんぼう」と呼ばれる男児が生まれるのだという。

その男は、普段は何も変わったところのない、平凡な人間なのだそうだ。

本人も、自分が「おじゃりんぼう」だという自覚はないらしい。

ただ、「おじゃりんぼう」には、他の人間と異なるところがひとつだけある。

——例えば、「おじゃりんぼう」が山中で遭難し、村の者が助けに向かったとする。

すると、「おじゃりんぼう」は何ごともなく下山を果たし、代わりに救助に入った者たちが必ず遭難して、大抵は死ぬのだという。

これが、古くから村に伝わる、「おじゃりんぼう」の言い伝えなのである。

「だから、久我んところの倅が困っていても、お前だけは絶対に助けちゃならんよ」

お祖母さんは、木嶋さんにそう諭したのだという。

「でね、旦那に聞いたら、牡蠣鍋が食べたいって言いだしたのも、久我君だったみたいなの。『言い出しっぺが、ぴんぴんしている』って、旦那も呆れていたわ……でもね、彼はいまでも『おじゃりんぼう』なんだって思うと、可笑しくてね」

聞くと、やはり久我君の周りでは、仲間が酷い目に遭って、彼だけが無事に済むことが多かったらしい。

例えば、遅刻した久我君を待って、仲間全員がライブの開演に間に合わなくなり、彼だけがちゃっかりと会場に座っていたりと、数えればきりがないのだという。

「仲間内では、思い当たることが多いみたいで……だから旦那には、『久我君とだけは、危険な場所に行かないで』って、言ってあるのよ」

ちなみに最近、久我君は仲間内で「おじゃりんぼう」と呼ばれている。

羨望

岡山市内のマンションの四階に住む、池田さんの話だ。

ある日の明け方、窓から差し込む赤色灯が煩《わずら》わしくなり、寝床から起きた。

煙草を吸いにベランダへ出ると、案の定、隣接する線路に救急隊の姿が見えた。

思い返すと、三十分ほど前、列車の甲高いブレーキ音を聞いたような気がする。

少し離れた線路には、鈍重そうな貨物列車が停まっていた。

辺りは薄暗く、日はまだ上っていない。

「……飛び込みだよ」と、ふいに横合いから声を掛けられた。

見ると、隣のマンションのベランダに、幾人もの人影がある。

見渡せる限りすべての階で、住人がベランダの手摺りから顔を覗かせていた。

隣のマンションは、ちょうど事故現場の真正面に当たるようで、皆が身じろぎもせず地上の線路を見入っている。

〈肉が……ぐちゃぐちゃ……〉

〈あっちにも……こっちも……ばらばら〉

ハッキリとは聞き取れないが、住人たちはそんなことを言い合っているようだ。

その不謹慎さに苛立ったが、咥《くわ》え煙草の自分が他人のことを言える訳もない。

地上の救急隊員たちは、せっせと線路から〈何か〉を拾い、バケツに移していた。

仕事とはいえ、気の毒なことだと素直に同情した。

やがて夜が明け、線路に陽が差し込むと、バケツの中に〈皮を剝《む》いたスイカ〉のような塊《かたまり》が、ごろりと転がっているのが見えた。

〈いいなぁ……うまそうだ〉再び隣のマンションから声が届いた。

さすがに悪趣味が過ぎると、思わずベランダに目を向けた。

——カラスだった。

隣のマンションのベランダには、カラスしかいなかった。

住人など、どこにもいなかったのである。

「……マジか？」

無意識に声を漏らすと、数十羽のカラスが一斉にこちらを振り向いた。

いまでも時折、夜中にベランダから〈ワサッ〉という、羽音が聞こえることがある。

だが、池田さんは決してカーテンを開けたりはしないのだという。

先まわり

都内で貿易関係の会社に勤める、石坂さんの話だ。

彼は毎日の通勤で、とある公園の遊歩道を通っている。

敷地に芝敷きの小高い丘を有した、都内有数の大きな公園なのだという。

「それで、問題はその丘でね。会社の帰りに前を通るとさ、丘のてっぺんの古木に、首吊っている奴が見えたんだよ……いや、もちろん本物の死体じゃないよ」

初めてそれを見たときには、〈まさか、自殺か？〉と驚いた。

だが、他の通行人たちが慌てる様子もない。

目を凝らすと、そいつの体が薄く透けていることに気がついた。

背中を向けているので顔は見えないが、白いネグリジェの若い女性のようである。

「気味が悪かったけど、だいぶ距離があったからね。その日は、嫌なものを見ちゃったって、思う程度で済んだのだけど……」

その後、毎晩その女が古木にぶら下がるようになった。

もっとも、ぶら下がっているだけなので、何をされる訳でもない。

「でもさ、やっぱり精神衛生的にはよくないんだよね。一日の仕事の終わりに、ああいうのを見るのって」

だが、公園を迂回すると、とんでもなく遠回りになってしまう。

やむを得ず石坂さんは、遊歩道を使い続けたという。


ある晩のこと。

残業で退社が遅くなった石坂さんは、いつものように首を吊った女を遠望した。

ただ、その日はなんとなく、彼女のことが気の毒に思えたのだという。

「その頃、仕事に行き詰っていて、少し気持ちが感傷的になっていたんだよ……なぜだか、女の背中が凄く寂しそうに見えて」

同情し、〈早く成仏しなよ〉と、女に向かって両手を合わせた。

そして視線を上げると、女の姿が消えていた。

「よかった。成仏してくれたんだ」

良いことをしたと満足し、並木の連なる遊歩道へ再び歩き出した。

――が、数歩進んで足が止まる。

十メートルほど先の並木に、背中を向けた女が〈だらり〉とぶら下がっていた。

あの女だった。
いつの間にか、丘の上から移動したらしい。
〈マジかよ？　なんで……〉
引き返すかどうか迷ったが、先へ進むことにした。
女の意図もわからないまま、引き返すのが怖かったのである。
なるべく女との距離を取って、横を通り抜けた。
そして、暫く歩くと——またも、先の並木で女が首を吊っていた。
それを過ぎても、次も、更にその先の木陰でも、あの女がぶら下がっていた。
まるで、石坂さんを先まわりしているようだった。
〈なんで、行く先々で首吊ってんだよっ！〉
訳がわからず、無我夢中で遊歩道を走り抜けた。
やがて公園から出ると、ようやくとひと息を入れることができた。
そこから先は繁華街で、行き交う人影も多い。
〈ここまでくれば大丈夫だろ〉と思い、再び歩き始めて——愕然とした。
雑居ビルから突き出た看板の下で、女が首を括っていた。
やはり背中を向け、一切顔は見せていない。

思わず〈顔を見せたくないんだったら、出てくんなよ〉と、悪態が口を突いた。

「でも、まずいなぁって思って。どこまでいっても女が先まわりしてくるってことはさ、家にまで来るかもしれないってことだろ？　さすがに、ちょっと嫌でさ」

どうしたものかと、立ち止まって考えた。

女は看板の下で、身じろぎもせずにぶら下がっている。

頸骨が外れているのだろうか、斜めに傾いだ頭部がいかにも痛ましげに見えた。

「それでね、そのとき咄嗟に、〈こういうときは、パチンコ屋に寄ると良い〉ってことを思い出したんだ。コンビニの怪談本に書いてあったんだけど、パチンコ打っている人たちって、金欲が強い分、幽霊を引き寄せてくれるらしいって」

だが、運の悪いことに、その界隈にはパチンコ屋がなかった。

その代わり、正面のビルの二階に、漫画喫茶がテナントしているのに気がついた。

「……似たようなもんだな」

石坂さんは、目についた漫画喫茶に入ることにした。

そのまま店内を暫く歩き回り、十分に時間を潰してから店を後にする。

すると、あの女はいなくなっていた。

「それで、『ああ、やっと離れてくれたかぁ』って安心したんだ。ほんと、ヒヤヒヤものだよ……やっぱり、幽霊なんかに情けを掛けるもんじゃないね」


それから数ヵ月後のこと。

石坂さんはある晩、会社の飲み会で遅くなり、終電を逃してしまった。

居酒屋を出て、どうしたものかと思案したが〈無理をして帰ることもないか〉と、目についた漫画喫茶で一晩過ごすことにした。

階段を上がり、ドアを潜って――はっとした。

レジの後ろで、あのときの女が背を向けて首を吊っていた。

〈やべっ！　ここ、あのときのマン喫だっ〉

慌てて石坂さんは店から逃げ出し、その場でタクシーを拾って帰宅したという。

黒卵

台湾に住む、佳恵さんの話だ。

彼女は昨年、姉の麗玲さんと共に東京観光のツアーに参加した。

「それまで富士山と北海道には行ったことがあったんだけど、東京は初めてだったの。都会を観光するのも面白そうに思えて」

昼間、都内の観光スポットを見て回り、夕刻に郊外のホテルに入った。

中国出身というツアーガイドが、二十名ほどの参加者に客室を割り振った。

佳恵さん姉妹は、ツインベッドの落ち着いた洋室をあてがわれたという。


その日、疲れていた彼女たちは、早めに床に就いた。

部屋の明かりを落とすや否や、お姉さんの寝息が聞こえ始める。

だが、佳恵さんは中々眠りに落ちることができなかった。

「夕食前に部屋でウトウトしていたせいね、体は疲れているんだけど、目だけが覚めちゃって。でも、いつまでも眠れないと、次の日の観光に響くから」

だが焦るほどに、かえって目が冴えてきた。
どのくらい経ったのだろう、ふと、部屋の中で奇妙な音を聞いた。
〈ブブブ……〉という、虻蚊《あぶか》が羽ばたくような振動音だった。
隣室から騒音が伝わっているのかと考えたが、どうも違うらしい。
部屋の中から、聞こえている気がした。
〈なんだろう?〉
暗闇に目を凝らして、室内を見回した。
すると、お姉さんのベッドの足側に一段と濃い闇溜りがある。
なぜか、そこだけが不自然に暗かった。
気になって暗闇を見詰めると——それは、人の形をしていた。
〈えっ……誰かいるのっ?〉
輪郭に丸みを帯びた、妙に〈つるん〉とした印象のある人影だった。
そいつは俯《うつむ》いて、じっとお姉さんのベッドを見下ろしている。
「……姉さん、起きて」
声を潜めて呼んだが、反応がない。
〈ブブブ……ブブブ……〉

振動音が、より大きく響き始めた。
やがて、真っ黒な人影は、お姉さんのベッドにゆっくりと乗り上げてきた。
同時に、窓から差し込んだ月明りが人影を照らす。
――目も鼻も口もない、黒い卵のような顔。
デッサンに使う木人形に似たそれは、なぜか頭部が小刻みに震えていた。
〈ブブブ……ブーン、ブブ……〉
頭部が震える度、振動音が高鳴った。
そして、お姉さんの胸元にまで歩むと、少しずつ屈み始めたという。
〈――えっ？　ちょっと、やだ。どうすんのよっ〉
震える頭部が、お姉さんの顔の前で〈ブーン……〉と音を立てた。
「やだ、やめなさいっ！　姉さんも起きてっ！　もうっ、起きなさいってば！」
思わず、大声を張り上げた。
その声で弾かれたように、お姉さんが飛び起きる。
と同時に、覆い被さっていた黒い人影が、跡形もなく掻き消えた。
「なにっ⁉　なんなの？　あんた、どうしたってのよっ？」
混乱するお姉さんを落ち着かせて、佳恵さんは先ほど起こった出来事を説明した。

最初、「それ、ホントなの？」と疑っていたお姉さんも、真剣な表情の佳恵さんに気押されて、信じてくれた様子だった。

「でも……どうするのよ？　ここじゃもう、眠れないわ」

確かに、こんな部屋に居続けるのは無理である。

時刻は十二時過ぎ。

多少気が引けたが、ツアーガイドに頼んで部屋を代えて貰うことにした。

別の部屋に移ってから、半時ほど経った頃。

眠りに落ちたばかりの佳恵さんの目の前が、いきなり明るくなった。

驚いて起きると、お姉さんが泣いている。

「姉さんっ、どうしたの？」

「……やっぱり、この部屋も駄目よ」

怯えた様子のお姉さんが、ぽつぽつと語り始めた。

部屋を移ってから、今度はお姉さんが寝つけなくなったという。

それでも、目を瞑って横たわったままでいた。

するると、微かに〈ぶん、ぶん〉と、耳障りな風切り音が聞こえてくる。
「初めはね、ラジオが点けっぱなしになっているのかと思ったのよ」
だが、この部屋に移ってから、ラジオやテレビには一切触れていない。
風切り音は、佳恵さんが寝ているベッドの、向こう側から聞こえていた。
〈……まさか〉と視線を向け、背筋が凍った。
妹のベッドの脇に、真っ黒な人影が二体、向かい合わせに立っていた。
そいつらは、互いにお辞儀をするような動作で、上半身を大きく振っている。
片方が頭を下げると、もう一方が〈ぶんっ〉と体を仰け反らせた。
その瞬間——顔がこちらを向いた。
ずるりと皮が剥け、鮮血で黒光りした御影石のような顔だった。
〈もう、だめっ!〉
無我夢中でサイドボードの照明を入れると、電光と共に人影が消えたのだという。
再び、部屋を代えて貰おうかと話し合ったが、やめておいた。
さすがに、二度もツアーガイドを叩き起こす気にはなれなかったのである。
結局、ホテルのロビーで朝を待つことにした。

「でも、朝になっても、ガイドに文句を言ったりはしなかったの。だってそのガイド、他のツアー客に苦情責めになっていたから。『このホテル、ベッドが振動して眠れなかった』って……あれは、私たちだけじゃなかったのね」

帰国後、そのホテルをネットで調べると、以前はラブホテルだったと書いてあった。

それを数年前、外国人客向けに改装したらしい。

「多分ね、あの卵みたいな人たちが揺れたり、震えたりしていた理由って、再現だと思うのよ。彼らが生前にやっていた行為の……まぁ、ラブホテルだしね。もっとも、私は日本のラブホテルを使ったことはないけどね」

そう言って、佳恵さんはからからと笑った。

レインコート

都内で事務職に就く、市村さんから聞いた話だ。

彼女は数年前まで、本社の受付係に所属していたという。

「そこで一緒に受付をやっていた榎本さんって子が、凄く霊感の強い子だったのね。色々なものを見たり、感じたりするって……もっとも、人づてに聞いた話だし、私はあまり興味がなかったんだけど」

榎本さんは自分に霊感があることを大っぴらにはせず、また見た目もごく普通の女性だったという。


ある雨の日の午前。

市村さんがカウンターで、来社予定の取引先名簿を確認していたときのことだ。

「見ちゃだめっ！」と、榎本さんが叫び声をあげた。

反射的に視線を上げかけて――やめた。

視界の端に、トレンチ風のレインコートを着た人影が映っていた。

朧《おぼろ》げにしか見えないが、背の高い女性だと思った。

女はいつの間にか受付を通り過ぎて、事務所の仕切り板の前に立っている。

〈これは、見ちゃいけないものだ〉と、瞬時に理解した。

「一瞬のことだったんだけど、榎本さんの言いたいことがわかったのよ。あのレインコートの女を見ると、大変なことになるって」

市村さんは頭を下げたまま、じっと息を潜めた。

「……もう大丈夫です」

やがて、榎本さんがそっと小声で教えてくれた。

気づかないうちに、レインコートの女はいなくなっていた。

「少し落ち着いてから、『あれって、なに?』って聞いたのよ。でも彼女、そのときは何も言わなかったわ。きっと、知らないほうがいいって思ったのね」


その日の昼休み。

同僚たちと休憩室に陣取った市村さんは、バッグにうっかり箸入れを忘れてきたことに気がついた。慌てて更衣室に戻り、バッグの中を探った。

〈コッ、コッ、コッ、コッ……〉

そのとき、廊下から甲高いハイヒールの足音が聞こえてきたという。

「その日ね、たまたま同僚の子が踵《かかと》の高いハイヒールを履いてきていたの。それで、てっきり私に用事があって、追いかけてきたのかと思って」

市村さんは同僚の名前を呼んだが、返事はなかった。

〈あれっ、聞こえなかったかしら?〉と、更衣室のドアを開ける。

その鼻先を、レインコートを着た女が通り過ぎ、隣室の会議室へと入っていった。

思わず、市村さんは女の後を追い駆けたという。

「私、反射的に動いちゃったの。『あの女性《ひと》、こんなところで何をしているのかしら?』って、確かめたくなっちゃって……」

会議室を覗くと、女が部屋の奥へ向かって歩いていた。

やがて、女は壁際まで進み、そのまま染み込むようにして壁の中に消えていった。

その最後の瞬間、女が真後ろを振り返り——市村さんと目を合わせた。

「『マズい』って思ったときには遅かったわ……能面みたいに白い肌をした女が、最後まで私と目を合わせたまま、壁の中へ吸い込まれていったの」

我に返った市村さんは、慌てて榎本さんの元に駆け寄った。

「……目が合ったんですか。それじゃ、気づかれちゃたんですね」

榎本さんはそう言って、眉を曇らせた。

彼女が言うには、あれは『関わってはいけないもの』らしい。

あの女は自分が死んだことにまだ納得しておらず、自分を見つけてくれる相手を探し続けているのだという。

「あの女性、事故で亡くなられたんだと思います。多分、長い年月を彷徨《さまよ》っているんじゃないかしら……でも、絶対に相手にしないでくださいね。道づれが欲しくて、引っ張ってくるかもしれませんから」

そして彼女は、「こんなことしか言えなくて、ごめんなさい」と頭を下げた。


その日、会社が終わって電車に乗っていたときのことだ。

車内は会社帰りのサラリーマンや学生で、立錐《りっすい》の余地がないほど混雑していた。

市村さんは座席に腰掛けて、眠るでもなく目を閉じていたという。

――突然、酷い悪寒がして、肌が泡立つのを感じた。

視線を上げると、吊革に掴まる乗客の隙間に、白く無表情な顔があった。

あの、レインコートの女だった。

氷のように冷たい眼差しを放ちながら、口元だけは微かに綻んでいる。

〈……ダメッ！　見ちゃいけないっ！〉

市村さんは目を伏せ、女の気配が消えるまで待ち続けたという。

「そのときは、暫くしたら気配は消えたんだけど……とにかく、こっちができることって、無視を続けることしかなくって」

その後も、レインコートの女は会社や、通勤路の途中で姿を見せた。

人波の中や建物の影、僅かに開いたドアの隙間。

市村さんは女の姿を見つける度に、慌てて目を逸らした。


そして、四日目の晩。

自分の部屋で寝ていると、酷い悪寒で目が覚めた。

〈まさか……あの女？〉

遂に家の中にまで来たのかと、絶望的な気持ちになった。

だが、どこに現れてこようが、目を瞑《つむ》って耐えることしかできない。

「ねぇ……ねぇ？」

初めて、女から声を掛けられた。

市村さんの気を引こうとする、鈴の音のような澄んだ声音だった。

「ねぇ……ねぇ、知ってる？　……ねぇ？」と、髪を触られた。

〈すっ、すっ〉と、髪に手櫛を入れられる感触がある。

「ねぇ……轢かれるのって、とっても痛いのよ」

〈えっ？　どういう……〉と、思わず目を開けてしまった。

女が、レインコートを広げていた。

胴体が――握り潰した粘土のように、酷く捻《ねじ》れているのが見えた。

片方の脇腹がごっそりと失われ、代わりに肋骨が不自然に隆起しているのがわかる。

ブラウスの布地が肉に巻き込まれ、硬く引き絞られていた。

水風船のような内臓が、〈ずるり〉と腰から噴きこぼれて――

思わず、絶叫しそうになった。

が、それでも〈私は見えてないいっ！　何も知らないいっ！〉と、ぎゅっと目を瞑った。

どれほどの恐怖を感じようとも、無視をすると覚悟を決めていた。

「……アナタ、つまんないわ」と、女の声が耳元を掠めた。

そっと様子を窺うと、部屋の壁に女が消えていく途中だった。

今度は、最後まで振り向かなかったという。

「それから、あの女を見ていないの。きっと、私があんまり退屈だから、諦めちゃったのね……で、その後なんだけど、困ったことに、私も幽霊が見えるようになっちゃったの。きっと、あのときの一件で、少し体質が変わったんじゃないかしら」

だが、それでも彼女は徹底して無視を続けている。

それしか、対抗手段がないのである。

口紅

「以前は私、東京の広告代理店に勤めていたんです。業界では準大手って言われる会社で、結構バリバリやっていたんですよ」

聡美さんは現在、別の会社でのんびりと働いているが、数年前までは将来を嘱望《しょくぼう》される若手営業として、同僚たちと切磋琢磨《せっさたくま》していたのだという。

そんな彼女が、仕事を変えるきっかけとなった出来事について教えてくれた。

ある朝、聡美さんは寝坊をして、慌てて身支度に取り掛かった。

その日はクライアントとの重要な会議があり、事前の準備として午前中に打ち合わせを行う予定だった。

だが、焦っていたせいか、洗面台に置いた腕時計をうっかり落としてしまう。

面倒なことに、腕時計は洗面台と洗濯機の隙間に填り込んでいた。

〈もうっ……こんな忙しいときにっ！〉

聡美さんは箒の柄を隙間に突っ込んで、強引に引っ掻き出した。

するとと腕時計の他に、見覚えのないリップスティックが転がり出てきたという。

金色のキャップを填めた、高級そうな口紅だった。

「でも、ちょっと気味悪く感じたんです。私、あんな派手な口紅、絶対買わないし……きっと、前に住んでいた人の忘れ物なんだろうって」

安い買い物ではなかっただろうと、少し気の毒な気もした。

が、いまはこんなものに時間を割いている場合ではない。

とにかく身支度を済ませてしまおうと、鏡を見直して——自分の唇に、真っ赤な口紅が塗られていることに気がついた。

自分で塗った覚えはない。

唇は熟れた石榴《ざくろ》のように鮮明で、艶々と深紅色に照っていた。

〈えっ、なんで私？〉

無意識に口紅を塗ったのかと、唖然とした。

鏡を見返すと、寝巻を着たまま、唇だけを赤く着飾った自分がいる。

そのアンバランスな姿が、酷くみすぼらしげに見えた。

〈いやだわ、私、全然似合ってないじゃない……これじゃ、口紅が綺麗過ぎて、不釣り合いだわ〉

そう思った彼女は、友人の結婚式で使ったドレスを引っ張り出し、着替えてみた。

それで少しはマシになったかと鏡を見たが、今度は後ろで結わえただけの素っ気ない髪型が気になった。

結局、彼女は髪を洗ってドライヤーを当て、眉毛を整え、マニキュアを丁寧に塗ってから、アパートを離れたのだという。


聡美さんが出社したのは、午後一時半だった。

途中、普段は滅多に入らないおしゃれなカフェに立ち寄り、ゆっくりとランチを楽しんでからの出社だった。

上司や同僚たちは、〈連絡がないので心配した〉と口を揃えた。

もし体調が悪いなら、帰ってもいいとまで言われた。

そんな非難めいた気遣いを適当にあしらうと、クライアントとの会議に使う資料に目を通した。元々、聡美さんが用意していた資料を、同僚がまとめたものである。

我ながらつまらない企画書だと思うが、ただ一点、会議が始まる時間が気になった。

この時刻にクライアントを訪問すると、会議終了後に一旦帰社しなければならない。

しかし、クライアントがあるのは銀座である。

いかにも〈勿体ない〉と思った。

できれば会議を終業時間後に終わらせ、ブランドショップで買い物がしたい。

そこで一考した聡美さんは、クライアントに連絡を取り、会議の予定を二時間ほど後倒しにして欲しいと頼んだという。

半ば強引に先方から了解を取り付け、上機嫌でそのことを上司に報告した。

「ふっ、ふざけるなっ！　遅刻してきたくせに、勝手になにをやっているんだっ！　大体、今日のお前の恰好はなんだっ！　会社は遊びに来る場所じゃないんだぞっ！」

絞め殺されるガチョウのように、課長がグワグワと怒声を上げる。

そのとき、彼女の内側で感情が爆発した――

「知らないわよ、そんなのっ！　私はこの時間に会議がしたいのっ！　それが嫌なら、勝手にすればいいじゃないっ！」

そう吐き捨てると、さっさと職場から退出してしまった。

誰ひとり、引き留める者はいなかったという。


会社を離れた聡美さんは、暫くオフィス街を歩いた。

仕事のことはすでに忘れ、これからどこへ行こうかと考える。

ショッピングに食事に、クラブ。

楽しいことは幾らでもある——と、わくわくしながら歩いていると、ふと、傍らのオフィスビルの窓ガラスに、自分の姿が映っていることに気がついた。

場違いなドレスに派手な化粧、爪先立ちにしか見えないハイヒール。

〈あれっ? 私、こんな格好で、一体なにをやっているのかしら——〉

その瞬間、我に返った。

今日、自分がやってきたことを思い返し、血の気が引く。

「私、なんで人の信頼を壊すようなことをしちゃったのかって、急にぞっとして……でも同時に『もっと遊びたい。もっと派手に着飾りたい』って考えている自分もいるの。それが、とても怖くて」

彼女はその場でタクシーを拾うと、自宅の住所を伝えた。

そして、もし途中で自分が行き先を変えたいと言っても、決して従わないで欲しいと運転手に頼み込んだそうだ。

「それからが大変だったわ。その日から家の外に出られなくなっちゃって……心の中に『遊びたい』って気持ちが、ずっと渦巻いていたから」

口紅は部屋に戻って真っ先に、バッグごと箪笥に放り込んでしまった。

だが、いつの間にか視線で箪笥を追っている自分に、気づいたりもした。

そのまま一週間ほど部屋に閉じ籠ったが、それでも心のざわめきは収まらない。

結局、聡美さんは会社を辞め、両親を頼って実家に戻ることにした。

「実家には一年くらい居たかしら。殆ど引き籠りみたいな生活を送ったのね。でも、お陰でようやく落ち着きが戻って、外に出る勇気が持てたの」

その後、彼女は地元の商社で事務職に就いた。

以前のように社内で同僚と張り合うこともなく、日々平穏に過ごしている。

あの口紅も、いまはもう持っていないそうだ。

箪笥に放り込んだバッグから、なぜか口紅だけがなくなっていたのである。

「あの口紅がなんだったのかは、いまでもよくわからないの……でもね、たまに思い出したりもするのよ。もう一度くらい、使ってみても良かったかなって」

淡く、控えめな口紅を刷いた彼女の口元が、追想するように呟いた。

ぶらんこ

五年前に上京した西田君は、現在フリーターをやっている。

そんな彼が、まだ小学五年生だった頃の話だ。


「うちは茨木の田舎だったから、小さいときから友達と野山で遊んでいました。色んなことをやりましたけど、僕が一番好きだったのは、秘密基地ごっこでしたかね」

早川君という友達の家の裏手に、立木が疎《まば》らに繁った雑木林があった。

その雑木林の中心に小さな空き地があり、その一角を大きな古木が占めていた。

野太い枝が左右に広く伸びた巨木で、西田君たちはその枝の股に木板を打ちつけ、周りをビニールシートで覆い、秘密基地を作っていたのである。

そして、枝のなるべく水平なところにロープを括りつけ、ブランコを拵《こしら》えた。

「結び目を作って、足を引っ掛けられるようにしたんです。それで、十分ブランコ遊びに使えました。ちょうど、古木の後ろ側の地面が一メートルくらいの土手になっていたので、そこからロープを掴んで飛び出すと、ターザンごっこができたんです」

ロープは枝に二本、お互いがぶつからないよう、少し距離を離して吊るしていた。

西田君たちは、そのブランコで遊んだり、秘密基地で漫画を読んだりして放課後を過ごしたという。


あるとき、西田君は風邪を拗《こじ》らせ、一週間ほど床に臥せた。

粘りつく夏の残暑がひと息つき、外気に肌寒さを感じ始めた矢先のことだったという。

「そのときの風邪は、だいぶ長引いてしまって。寝ている間中、布団からずっと窓の外を眺めていました……よほど秘密基地で遊べないのが、悔しかったんでしょうね」

ただ、病欠した日から雨が降り続いていたので、〈これじゃ、風邪じゃなくても遊べないか〉と、ぼんやり考えたりもした。

その間、友達からの見舞いや電話はなかったという。

それでも〈今日は何して遊んでいるだろう〉と、友達のことばかりが気になった。

「結局、風邪が治りかけてきた日に、どうしても我慢ができなくなって」

西田君は母親が夕食の支度をしている隙に、家を抜け出したのだという。

その日は土曜日で、学校は半ドンで終わっている。

すでに陽が傾き始めていたが、友達と遊びたい一心で秘密基地に向かった。

だが、いざ到着してみると、空き地はしんと静かで、秘密基地には誰もいなかった。

ここのところ雨天が続いたせいか、空気もひんやりとしている。

〈お菓子の買い出しにでも、行っているのかな?〉

西田君はみんなが帰ってくるまで、秘密基地の中で待つことにした。

「周りは薄暗くなっていましたけど、誰にも会わないで帰るのが嫌だったので」

西田君は床に置かれた漫画を手に取ると、懐中電灯の明りで読み始めた。

そのとき——〈ギィッ〉と、枝の軋む音がした。

思わず、漫画を捲る手を止めた。

〈ギッ、ギッ〉という軋み音が、ビニールシートの向こうから周期的に聞こえてくる。

その音に合わせて、秘密基地が僅かに揺れているように感じた。

〈あれっ、誰かブランコをやっているのかな?〉

西田君はビニールシートを捲って、周囲を見回してみた。

しかし薄暗い雑木林の中、人の姿は見えなかった。

ただ、古木に吊るしたロープが、一本だけ前後に揺れていた。

「それで、友達がどこかに隠れているんだろうと思いました。さっきまで、ロープでブランコをしていて、素早く隠れたんだなって」

梯子を降り、「誰かいるの？」と声を掛けたが、返事はない。

〈変だなぁ。気のせいだったのかな？〉

西田君は友達を待つのを諦め、そろそろ家に帰ろうかと考えた。

だがその前に、一度だけブランコで遊んでいこうと思い直す。

早速、両手でロープを握ると、後ろの土手から空中へ助走をつけて飛び出した。

風を切る音が耳元で鳴り、体が大きく前後に振れる。

体が浮き上がるタイミングでロープに引っ掛けた足を伸ばすと、ブランコの振幅は更に大きくなった。

胸のすくような気持ちがして、西田君は何度もそれを繰り返した。

——ギィィィィィ
ロープを吊るしている枝が、いきなり大きく軋んだ。

同時に〈ブンッ〉と音を立てながら、西田君の横を何者かがすれ違った。

〈えっ、誰かいるのっ？〉

もう一本のロープで、誰かがブランコを始めたようだ。

だが、暗くて姿がよく見えない。

そいつの正体を確かめようと、手首に引っ掛けていた懐中電灯を向けた。

が、ロープから片手を離すとバランスが崩れ、すれ違う度に体が回ってしまう。

何度か繰り返し、ようやく懐中電灯の光が〈もうひとり〉に当たった。

——照明の中、知らない男が〈首だけ〉でロープにぶら下がっていた。

「それ、首吊りをした男だったんです……」

青黒く腫れた顔から、蛞蝓《なめくじ》のように太く長い舌が〈だらん〉と垂れていた。

魚の浮袋ほどに膨らんだ眼球は、いまにも眼窩《がんか》から零《こぼ》れ落ちそうだ。

両腕を前に突き出し、男は西田君を掴もうとしていた。

〈がっ、ごぼっ〉と、男の喉から異様な声が漏れた。

「うわっーーー！」

絶叫した西田君の体が、ぐるんと回った。

それと同時に、〈ぎゅっ〉と肩口を掴まれた。

「覚えているのは、そこまでなんですよ。で、気がついたら、早川君の家にいました」

なんでも、裏の雑木林から叫び声を聞いた早川君のお母さんが、人を集めて様子を見に来てくれたのだという。

すると、空き地に堆積した腐葉土に、西田君が倒れていたのである。

「迎えに来た両親には、散々怒られましたよ……で、その後、早川君から『もう、あそこの秘密基地は使えなくなった』と言われたんです」

聞くと、西田君が風邪で休んだ最初の日、近くに住んでいた浪人生が、秘密基地で首吊り自殺をしたのだという。

その後、雨が続いたため人が立ち入らず、発見が数日遅れたらしい。

警察は雑木林を封鎖し、自殺に使われたロープを証拠品として持ち帰っていた。

西田君たちが、ブランコに使っていたロープのうちの一本だった。

「いまでも背後に人が立つと、ドキリとすることがあるんです。特に、肩を掴まれたりするのは、本当にダメですね……体が宙に浮かぶような感じがして」

後年、件の雑木林は宅地開発が進み、いまでは秘密基地の痕跡も残されていない。

譫妄《せんもう》

母方の伯母が体験した話だ。

彼女は現在齢七十を越えているものの、いまでも元気に茶道の師匠を勤めている。

普段から礼節に厳しく、矍鑠《かくしゃく》とした女性である。

そんな伯母だが、いまから数年前、病を得て手術を受けたことがあった。

病名は水頭症。一般に乳幼児が発症する病気と思われがちだが、高齢者が頭部の肥大化を伴わずに、罹患することも多いらしい。

彼女の場合、右の側頭内部に腫瘍が生じたことで脳髄液の循環が滞り、正常圧水頭症と呼ばれる症状を発症したのである。

「だいぶ前から、耳の後ろに良性の腫瘍ができていることはわかっていたの。だから、定期的に経過観察を続けていてね。おかげで、早期に病気を発見できたのよ」

診断結果が出るや否や、脳内の圧力を下げるために、髄液を体内へと落とす手術を受けることになった。

幸いなことに、伯母の手術は無事成功し、術後の経過も順調だったという。

ただし、手術後には安静が求められるため、二週間ほど入院することになった。

手術が終わって、数日後。
家族や親戚が、病室へ見舞いに来たときのことだ。
ベッドの脇に立つ親類縁者の中に、ひとりだけ見知らぬ女性がいた。
それは、無地の白い着物を着た、若くて美しい女性だったという。
家人たちが温かな視線を向ける最中、女は興味なさげに在らぬ方向を見ていた。
〈誰だったかしら?〉
投薬で思考が鈍ってはいたが、伯母はその女のことが妙に気になったそうだ。
すると、ふいに女が視線を落として、まっすぐに伯母と目を合わせた。
何の感情もない、冷めた眼差しだったという。
そして、そのままベッドを離れると、挨拶もなく病室から出ていった。
まるで、笹の葉が小川を流れるような〈すうっ〉とした動きだった。

また、別の晩。
伯母が、ふいに暗い病室の中で目を覚ますと、あの女がベッドの傍に立っていた。

やはり、伯母とは別の方角を見詰めて、所在なさげに佇んでいる。

暫くすると、音もなく病室から出ていった。

「奇妙だとは思っていたの。その娘、妙に実感がなくて、体も少し宙に浮いているように見えたから。ただね……実は私、入院する前に脳の病気について、何冊か本を読んで勉強していたのよ。その中に『譫妄』って症状が、詳しく書かれていてね」

『譫妄』とは、急性の脳障害や、薬剤の服用などによって引き起こされる、一種の意識障害のことである。

特に高齢の患者に多く見られる症状で、錯覚や幻視、酷くすれば錯乱を起こし、患者が暴れ出すこともあるらしい。

伯母は自分が高齢で、脳手術を受けて間もないことを、十分自覚していたのである。

「ただ、幻覚だとはわかっていても、毎晩のように出てこられるとね……で、気になったから、担当の先生に相談することにしたの」

だが、担当医はとても真面目な老医師で、伯母は少し気が引けたという。

立派な先生に、にべもない自分の幻覚を、赤裸々に打ち明けるのは恥ずかしいと感じたのである。

それでも、『譫妄』が意識障害である以上、伝えなければいけない気もする。

そこで伯母は、「差し出がましいことを、申し上げるようですが」と前置きして、思い切って自分が見た幻覚について診察を求めたそうだ。

「……あぁ、あの幽霊まだいたんだぁ。懐かしいなぁ～」

そう言いながら、老医師は何度も〈うんうん〉と頷いた。

なんでも、病院を建て替える以前、その女の幽霊がよく現れていたのだという

最近は目撃談も聞かなくなったので、てっきり成仏したのかと思っていたらしい。

――お前が、それを言っちゃダメだろ。

口にこそしなかったが、伯母は呆れて相談するのをやめた。

霊感少女

都内の化学薬品メーカーで働く海野さんは、小学生の頃に一度だけ「こっくりさん」をやったことがある。

自分から望んだ訳ではない。

ある女の子に乞われて、言われるままに十円玉に指を乗せたのだ。

「クラスにオカルト好きの女の子がいたんです。アケミって名前だったかなぁ。その子は、霊感が強いってことが自慢でした……いや、勿論自称だと思いますけど」

アケミは、クラスで一目置かれた存在だった。

心霊的な話題に長じることで、同じオカルト趣味の取り巻きを作っていたのである。

もっとも、海野さんはオカルトに疎く、自分には関係のないことだと思っていた。

だが、ある日の休み時間、突然アケミと三人の取り巻きに囲まれたのだという。

「アンタのことも占ってあげるからさ、協力して欲しいんだけど」と頼まれた。

渋々に応じて席に座ると、アケミが一枚の紙きれを目の前に置いた。

そこには神社の鳥居と、ひらがなの五十音が書いてあった。

「いわゆる、こっくりさんですよね。でも、そのころ僕はこっくりさんがなんなのか、全然知らなくて。女の子の占いごっこ程度に考えていたんです」

アケミが言うには、これから「こっくりさん」という守護霊を呼び出し、海野さんの未来を質問するのだという。

馬鹿々々しいと思ったが、断れる雰囲気でもなくなっていた。

「じゃあ、私が質問するね……こっくりさん、こっくりさん、このクラスに、将来海野と結婚する人はいますか?」

〈えっ? お前、なに言ってんだよ?〉

海野さんが驚いている中、十円玉が動いて、「はい」と書かれたマスで止まった。

「ふーん、海野、クラスに好きな子がいるんだ」

アケミが、にやりと笑う。

「なんだよ、これっ! お前が動かしているんだろっ、インチキじゃないか!」

「そんなこと言うと、こっくりさんに呪われるよっ! 知らないんだからねっ!」

続けてアケミは、彼と将来結婚する女の子は誰なのかと質問をした。

今度は十円玉が「み」、「す」、「ず」の三文字に止まる。

「みすず」とは、アケミたちがいじめていた女の子の名前だった。

「あの子たちは『みすず』を、いじめの標的にしていたんです。悪霊が憑いているとか、呪われているとか。そんな陰口を言っているのを、前に聞いたことがあって」

今回も、ありもしない噂を立てるためのネタ作りだろうと、すぐに察しがついた。

だが、そんなことのために、自分が出汁《だし》にされていると思うと我慢がならない。

怒った海野さんは、「俺、やめるからなっ！」と十円玉から指を離したという。

その途端、アケミとその取り巻きが大仰に悲鳴を上げた。

「あんた、なんてことするのよっ！　私たちまで呪われちゃうじゃないっ！」

「こっくりさんが怒ってるよ！　ごめんなさい、こっくりさん、ごめんなさいっ！」

彼女たちは見えもしない相手に謝り、次いで海野さんを罵った。

取り分け、アケミの形相には鬼気迫るものを感じたという。

――えっ？

その瞬間、海野さんは我が目を疑った。

「一瞬、アケミの背後がいきなり暗くなったんです。見ると、まるで煙で燻《いぶ》されているみたいに、アケミの後ろから黒いもやもやとした影が立ち昇って」

他の子たちは、別段それを気にする様子でもない。

アケミは「いいわ、私がこっくりさんに謝ってあげるから」と言い出して、取り巻きのひとりを相手に続きを始めた。

その背後で、黒い影がゆらゆらと揺れている。

「こっくりさん、海野を怒っていますか？」

「こっくりさん、海野は呪われますか？」

「こっくりさん、海野は呪われて、この後すぐに死ぬんですか？」

答えはすべて「はい」だった。

取り巻きの女の子たちは、「海野、死んじゃうんだってー」、「しょうがないよ、こっくりさんが怒っているんだもの」と口さがない。

「でも、情けない話ですが、僕はアケミの後ろの影が怖くて、怖くて……あれが、彼女たちの言う、こっくりさんなのだと思って」

やがて、次の授業を知らせるチャイムが鳴った。

「――では、こっくりさん、お帰り下さい」

意外にあっさりとこっくりさんを終わらせたアケミが、自分の席へと戻っていく。

その去り際、「私には全部、見えているんだからね」と捨て台詞《ぜりふ》を残していった。

「授業中、何度かアケミを見たんです。でも、やっぱり彼女の背中には黒い影が立っているんです。しかも、見る度に少しずつ影が濃くなって」

昼食の時間となり、給食当番だったアケミが教室を出ていった。
そのとき背後の影は、下半身の無い人の姿になっていたという。
細長い腕がアケミの肩を掴み、まるで彼女に付き従っているように見えた。
が、暫くすると——急に廊下が騒がしくなった。
悲鳴やざわめき声、それに混じって大人の叫び声も聞こえてきた。
「でも、僕はその現場を見ていないんです。怖くて、ずっと自分の席で震えていたので
……ただ、そのうち、救急車のサイレンまで聞こえてきて」
さすがに気になった海野さんは、廊下にいた生徒に何ごとかと訊ねた。
すると、「さっき、給食当番の子が廊下で転んで火傷《やけど》をした」と教えてくれた。
その子は、給食にでるトロミの強い汁を、ずん胴ごと頭から被ってしまったらしい。
——アケミだった。
彼女は何もない廊下の真ん中で、いきなり躓《つまず》いて倒れたのだという。
「……なんだよ、お前の方がよっぽど見えてねーじゃんか」
海野さんは、呆れて独り言ちたという。
「結局、アケミには霊感なんてなかったんでしょうね。自分に憑いているモノだって、

見えていなかったんですから」

アケミは一ヵ月ほど、火傷で顔を腫らしていたという。

その間、「ソフト麺」という渾名《あだな》で呼ばれていた。

取り巻きも離れてしまい、オカルトから手を引いた様子だった。

「でもですね、ひとつだけ、こっくりさんが言い当てていたことがあるんですよ」

現在、海野さんが付き合っている女性は「美鈴さん」という。

驚いたことに、当時アケミからいじめを受けていた、あの女の子だった。

「でも、不思議でもないですよ。あの『こっくりさん』の一件があってから、僕の方が妙に彼女のことを意識しちゃって。高校のときに思い切って交際を申し込んだんです。まぁ、初めは断られたけど、何度もアタックしているうちに打ち解けてくれて」

海野さんは少し照れ臭そうに、「今度、彼女と結婚するんです」と微笑んだ。

悪魔人形

「……最初はさ、本当に他愛のない粘土遊びだったんだよ」

近所の飲み屋で知り合った石坂さんが、淡々と語ってくれた体験談だ。


彼がまだ小学三年生だった頃、仲間内で粘土遊びが流行《はや》っていた。

子供がよくやるソフビ人形遊びの粘土版で、自分たちでヒーローや怪人を作っては、互いに戦わせていたのである。

ただ、ソフビ人形と違って、負けた怪人は思うままに破壊することができた。

そんな自由さが楽しく、放課後になると友達の佐藤君の家に集まったのだという。

ある日のこと、石坂さんは少しサイズが大きめの怪人を作ってみた。

それは、饅頭《まんじゅう》のようなフォルムに、二つの目玉と牙を付けただけの怪人だった。

「名前は「キングスライム」だったか、「キングアメーバ」だったか。とにかく、どこかから拝借したような怪人だったけど、割と仕上がりが良くてね」

彼の考えた設定では、その怪人はアメーバ状の液体で出来ているため、敵からの攻撃をすべて吸収することができた。勿論、体型を自由に変形することも可能だ。

そんな特殊能力を与え、その怪人をヒーローの粘土人形と戦わせてみたのである。

「でも最初は、いつも通りにヒーローを勝たせるつもりでいたんだよ。ただ、設定した怪人の能力が高かったものだから、ヒーローがだいぶ苦戦してね」

戦いの最後、反撃を受けたヒーローが怪人の体表面に吸収され、そのまま敗北を喫したのだという。それは偶然の〈成り行き〉に過ぎなかったが、悪の怪人が勝利するという背徳感が、石坂さんたちの遊び心をくすぐった。

次も、その次の粘土遊びでも、怪人が勝つことになった。

当然、怪人の体は少しずつ膨らみ、それに比例して強さも増していった。

顔が大きくなるだけではつまらないと、怪人に上半身を与え、太い腕を生やし、頭には大きな角をつけてみたりもした。

そんなことを続けているうち、いつの間にかその怪人がどんなヒーローにも負けなくなっていることに、石坂さんは気がついた。

「本心じゃ、そろそろ負けさせたいと思っているんだけど……出来ないんだよ。子供って律儀だからさ、自分の作ったルールを破るのが嫌で」

彼らが拵《こしら》えるヒーローたちは、次々とその怪人の体内へ消えていった。

その頃には誰ともなく、その怪人を「悪魔人形」と呼び始めたのだという。

悪魔人形が誕生して、一ヵ月も経った頃だ。

いつも遊び場を提供してくれていた佐藤君が、悪魔人形を引き取って欲しいと、駄々をこね始めた。

「理由を聞くとね、なんでも悪魔人形が夜中に泣くっていうんだよ。佐藤がトイレに起きると、赤ん坊みたいな声が部屋の隅から聞こえるって」

そのとき悪魔人形は、すでに人間の乳幼児ほどのサイズになっている。

また、油粘土を使っていたせいか、顔の表面が油分で薄く濡れていることもあった。見様によっては、人形が〈涙を流した〉ように見えなくもない。

「でも、あんなにデカくなった粘土を持って帰ったら、絶対親に叱られるしさ」

石坂さんは、なんとか佐藤君を説得しようとしたが、彼は頑として譲らなかった。

一方で、ここまで大きく育てた悪魔人形を、無碍《むげ》に壊すのも惜しい気がする。

皆で相談し、悪魔人形を近くの神社に隠しておくことにした。

「神社って言っても、町の外れにあったボロボロの廃神社でね。御社《おやしろ》の鍵が外れて、入り口の扉が開きっ放しになっていたんだよ。そこなら誰も来ないだろうって」

そこの御社には、奥正面の壁に手頃な大きさの棚が設えてあった。

もしかしたら、以前は御神体を祭るための神棚だったのかもしれない。

ただ、幅も高さも具合の良い棚で、悪魔人形を置くのにはうってつけに思えた。

試しに座らせると、まるで緑色の悪魔が玉座に鎮座しているようでもある。

これでひとまず人形の置き場が確保でき、それに何より——悪魔人形が本来あるべき場所に収まったような気がした。

「いま考えるとね、あの瞬間に悪魔人形が、俺たちの中で神格化されたんじゃないかって思うんだ。神秘的って言うかさ、圧倒されるような迫力を感じたんだよ」

誰が言うでもなく、「これからも、ヒーローを食べさせよう」ということに決まった。

各自が持ち寄ったローソクや数珠で飾ると、祭壇はますます玄妙さを増した。

いつしか、ヒーローはただの生贄となり、悪魔人形は残酷な神となった。

「宗教の始まりって言ったら、言い過ぎかもしれないけど……遊びの範疇《はんちゅう》を越え始めていたのは、確かだと思う」

供物を捧げた後、皆で祭壇の前にひれ伏し、熱心にお祈りするようになった。

そうしなければならないと、勝手に思い込んでいた。

だが、石坂さんたちの奇妙な〈信仰〉は、思いがけない形で終わることになった。

あるとき廃神社を訪れると、数人の中学生が御社を占拠していたのである。

それは地元で悪名の高い不良グループで、特にそのリーダー格の少年はタチが悪く、近隣の小中学生からは蛇蝎《だかつ》のように嫌われていたのだという。

「とにかく、万引き、カツアゲ、なんでもやる奴でね。学校や警察も手を焼いているって噂だったよ。多分あいつら、神社でシンナーをやっていたんじゃないかな」

彼らがたむろするせいで、廃神社に近づけなくなった。

それでも、どうにか悪魔人形を救出できないかと、石坂さんたちは廃神社の様子を何度も窺いに行ったそうだ。

そんなある日、不良たちが連れ立って、御社から出ていくのを見掛けたという。

〈いましかない〉と、急いで御社に踏み込んだ。

が、せっかく整えた祭壇は無残に壊されており、悪魔人形は境内の裏側でバラバラに引き千切られていたそうだ。

誰がやったのかは、一目瞭然だった。

「育ててきたものを壊されたんだから、悔しいとも思ったけど……同時に、凄くほっとしたのを覚えているよ。これでもう、生贄を捧げる必要がなくなったんだからね」

石坂さんたちは粘土の破片を集めると、地面に穴を掘って埋めてあげた。

「それから三日後だったよ。不良グループのリーダーが交通事故で亡くなったのは……いや、その場を目撃した訳じゃないよ。ただ、酷い事故だったと聞いたんだ」

噂では、リーダー格の少年が突然奇声を上げて、猛スピードで走行するトラックの前に飛び出したらしい。その衝撃で四肢が千切れ、体がバラバラになったというが、本当のところはよくわからない。

嫌われ者だったため、噂に尾ヒレが付いただけなのかも知れない。

「正直、凄く気味が悪いんだ。偶然と考えるにはタイミングが合い過ぎているしね。もっとも、一番気持ち悪いのは、あんな粘土人形を一生懸命に祀《まつ》っていた、自分たちなんだけど……だから、あの不良グループのリーダーが最後の生贄になったことには、責任を感じているんだよ」

石坂さんたちはその後、粘土遊びをやらなくなった。

やがて、互いが疎遠となり、中学に上がる頃には付き合いをなくしたという。

革手袋

吉見さんは小学四年生のとき、エレクトーン教室に通い始めた。

もっとも、エレクトーンがやりたかったからではない。

「小さい頃って、親の顔色を窺うでしょ？　そのときも勧めてきたのは母親で、なにかしら習いごとを『やらせたい』みたいだったから、軽い気持ちで引き受けちゃって」

しかし、通い始めて半月も経たないうちに、彼女は入会したことを後悔した。

いくら練習してもエレクトーンの演奏を楽しいとは思えなかったし、何より教室の先生が想像以上にスパルタだったのである。

「その人は三十歳前半の主婦だったんだけど、練習中に指揮棒ですごく叩いたのね。いま考えると、ヒステリックな人だったと思うのよ……だって、こっちはまったくの初心者なのに、上手く弾けないってだけで叩いたりしないでしょ、普通」

だからといって、教室を辞めたいと言い出すこともできなかった。

やり始めてまだ間もなかったし、何よりも親を失望させるのが怖かったのである。

そんな訳で彼女は嫌々ながら、週二回のエレクトーン教室に通い続けた。

ある晩秋の夕暮れのこと。

学校が終わり、自宅にカバンを置いた吉見さんは、エレクトーン教室へ向かった。

「そこの教室って、うちの地区から少し外れた山道沿いの郊外にあってね。私は自転車を持ってなかったから、いつも徒歩で通っていたんだけど」

雑木林脇の歩道を歩いていた吉見さんは、ふとした弾みで小銭を側溝に落としてしまった。だが、幸い側溝に水はなく、すぐに拾うことができた。

そのとき——同じ側溝の少し先に、黒光りしたものが落ちていることに気づいた。

懐中電灯で照らすと、それは〈ぬらり〉とした光沢を持った、黒い革手袋だった。

「いまなら、そんなの放っておくんだけど、そのときは『警察に届けなきゃ』って素直に思ったの。見た目、ちょっと高級そうだったし」

吉見さんは爪の先で革手袋を拾い上げて、アスファルトの地面に置いてみた。

その瞬間、アスファルトの上に〈サァ〉っと、赤い液体が広がった。

革手袋から、流れ出したものだった。

「……それが血だったのかどうかは、わからないわ。ただ、凄く鮮明な赤い色だったのを、はっきりと覚えている」

驚いた吉見さんは、革手袋をそのままにして、その場から逃げ出したのだという。

その晩、吉見さんは怖い夢に魘《うな》された。

悪夢の中で彼女は、知らない男性に首を絞められたのである。

「きっと、手袋を拾い上げたことが気になっていたのね。だって、夢に出てきた男も、両手に黒い革手袋をはめていたし」

目覚めた後、しっとりとした革手袋の感触が、首筋に残っていたという。

その二日後、エレクトーン教室に向かった吉見さんは、いつもの歩道を注意しながら歩いた。地面に置き去りにした革手袋に、近寄りたくなかったのである。

だが、先日の場所まで来ても、革手袋は見当たらなかった。

〈もしかしたら、誰か捨ててくれたのかも〉

そんな風に考えたが――暫く歩いた先で、足が止まった。

道端に、黒い革手袋が落ちていた。

「でも、明らかに革手袋を拾ったときの場所じゃなかったのね。だって、そこの側溝には蓋がしてあったから」

それでも〈誰かが悪戯《いたずら》したのかも〉と思い直し、その場を通り過ぎることにした。

だが、次の教室の日、革手袋は更に数十メートル先の歩道に落ちていた。

その後も革手袋は、必ず前回よりも少し進んだ場所で見つかった。

まるで、手袋がひとりでに歩道を進んでいるようで、気味が悪いと感じた。

「だから、なるべく見ないようにしていていたの……でね、そこの歩道は突き当りに民家が数軒あるだけなんだけど、そのうちの一軒がエレクトーン教室だったのね」

ある日、エレクトーン教室に行くと、玄関先で先生が仁王立ちをしていた。

近寄ると「これやったの、吉見さんでしょ？　気持ち悪いことしないで頂戴っ！」と怒られた。

見ると、先生の足元にあの黒い革手袋が落ちていた。

なぜか先生は、吉見さんが革手袋を置いたのだと、決めつけている様子だった。

手袋は地面に爪を立て、まるでここまで這ってきたかのような形をしていた。

「勿論、私がやったんじゃないわよ。気持ち悪くて、見たくもないんだから……でも、なんで先生が私を犯人だと思ったのかは、いまだによくわからないの」

先生は「これ、遠くに捨ててきなさいっ！」と、有無を言わさずに命令した。

仕方なく、吉見さんは革手袋を摘み上げると、遠くの雑木林に投げ込んだという。

納得はできないが、これで革手袋を見なくて済むと思うと、ほっとした。

だが次の教室の日、到着するなり「ふざけるなっ！」と先生に頬を張られた。

そして胸倉を掴まれ、玄関に突き飛ばされたという。

横倒れになった彼女は、玄関の隅に黒い革手袋が落ちているのに気がついた。

「こんな嫌がらせ、許さないからっ！」と、更に先生が畳み掛けてくる。

そのとき——吉見さんの心の中で、張り詰めていた糸が〈ぷつん〉と切れた。

「そんなの知らないわよっ、このクソババアッ！　てめえがやったんだろっ！」

自分でも信じられないような大声で、怒鳴っていた。

彼女の気迫に、一瞬先生がたじろぐほどだった。

その隙に吉見さんは玄関を飛び出すと、そのまま家まで走って帰った。

そして母親に「あのエレクトーン教室、もう辞めたい」と、打ち明けたという。

すると、「じゃあ、辞めたらいいじゃない」と、そっけなく言われた。

「だから、あの後はエレクトーン教室に行っていないのよ。ただね、それから半年くらい経った頃かしら……あの先生、脳卒中で倒れちゃったの」

それに伴い、エレクトーン教室も廃業となった。

その後、先生がどうなったのか、吉見さんは知らない。

あの黒い革手袋も、それっきり見ていないという。

「でも……もしかしたら、私が側溝から革手袋を拾ったせいで、先生に不幸が起こったんじゃないかって思うと、すごく怖いのよ。だって、あの先生には旦那さんと娘さんがいて、ちゃんとした家庭があったのよ。なのに、私が全部を台無しにしちゃったみたいで……そう考えると、怖くてしょうがないのよ」

吉見さんは「この話は、これで終わり」と呟くと、悲しげに視線を伏せた。

川豚

村上さんは、都内の精密機器メーカーに勤める、若手のエンジニアである。

いまではすっかり都会に馴染《なじ》んでいるが、大学に進学するまでは地方の農村で暮らしていたという。

そんな彼が、小学六年生の初夏に体験した話を聞かせてくれた。


「ガキの頃ってさ、いつも先陣切って大騒ぎするガキ大将っていただろ。同級生の窪田がさ、そういう奴だったんだ」

夏休みが間近になった、ある朝のこと。

学校へ向かう途中の橋の上で、数人の子供たちが騒いでいるのを見かけた。

彼らは熱心に、欄干《らんかん》から用水路の川面を覗き込んでいる。

その集まりの中心で、興奮した様子の窪田君がはしゃいでいるのもわかった。

「また窪田が、馬鹿やってんだと思って近づいたんだよ。そしたら、『豚だっ、豚がいる！くせえっ』て、橋の下を指さしていてね」

欄干から覗くと、巨大な青白い肉塊が、水草に絡まって川面に浮かんでいた。

肉塊には体毛がなく、ぱんぱんに膨らんだ肌が青黒くひび割れている。

周りの水面には飴色をした油膜が浮いており、嫌な臭いが橋の上にまで漂っていた。

〈豚が、川で溺れたんだ〉と、村上さんは思った。

実際、その用水路の上流には畜産農家があり、豚の畜舎が幾つもあったのである。

豚や鶏《にわとり》が逃げ出したという話も、よく聞いていた。

「でもさ、よく見るとちょっと違和感もあったんだ。豚って割には、やけに肌がつるつるしているなって……見た目の質感が少し違う気がして」

子供たちは口々に、「豚をやっつけろ！」と囃《はや》し立てていた。

何人かは、砂利や小石を投げつけている。

だが、豚に当った石は、ぱんと張った皮膚に弾かれ、虚しく水中に落ちていった。

「どけっ！　俺がやっつけてやる！」

振り返ると、コンクリートブロックを両腕に抱えた窪田君が、よたよたと歩き寄ってきた。どうやら、橋の袂《たもと》から拾ってきたらしい。

それを見た途端、村上さんは嫌な予感がしたという。

そもそも、川面から二メートルほども離れていない、小さな橋である。

他の子供たちも何が起こるのか察したらしく、遠巻きに後ろへ下がっていった。

「石なんかじゃ、豚は倒せないっ！　俺が、やっつけてやる！」

コンクリートブロックを頭上に掲げて、欄干から窪田君が勇ましく叫んだ。

その瞬間、橋にいた子供たちが、一斉に逃げ出した。

〈うそだろ？　あいつ、本気かっ⁉〉

全力で走りながら、村上さんは背後を振り返ったという。

同時に〈ボンッ！〉と、ボンベが爆発したような衝撃音が響いた。

続いて、〈ザァ〉と降り注ぐ水飛沫で、窪田君の姿が一瞬見えなくなった。

「死体にさ、ガスが溜まって、膨れていたんだよ。まぁ、夏の盛りで腐るのも早かったんだろ。なのに、あの馬鹿、真上からコンクリートブロックを叩きつけたんだ。そりゃあ、破裂するよ」

生ごみと排泄物を混ぜて煮たような、甘苦い刺激臭が周囲に立ち込めた。

他の子供たちはすでに逃げ去っており、窪田君だけが橋の傍らに立ち尽くしている。

まるで、溶けた白蝋を頭から被ったような有様だった。

臭くて近づくこともできず、かといって大人を呼ぶと怒られそうな気がしたので、村上さんは黙ってその場を離れることにした。

その日、窪田君は学校に来なかった。

多分、朝の一件が相当堪えたのだろうと、村上さんは思った。

やがて、午後のホームルームの時間となり、担任の先生から注意があった。

なんでも、学校の近くの用水路で、身元不明の遺体が発見されたのだという。

警察の邪魔になるので、帰宅時は用水路の橋を迂回するように、とのことだった。

遺体の損傷が激しく、捜査が終わるまで相当時間が掛かるらしい。

あの豚のことだと、すぐに気がついた。

「さすがに、度肝を抜かれたよ。まさか、あの豚の死骸が人間だったなんてね。その上、窪田が死体を破裂させていたから……遺体損壊だよ。でも正直言うとさ、俺も調子に乗って石をぶつけていたから、窪田の奴だけを悪くは言えないけどさ」

翌日も、その翌日も窪田君は登校しなかった。

そして一学期の終業式を迎え、やっと窪田君が教室に顔を見せた。

以前の彼とは見違えるほど、げっそりと痩せ細っていたという。

「窪田って、パンダみたいにコロコロと太ったヤツだったんだけど、それがたった数日で、見違えるくらいに痩せちまって」

病欠している間、窪田君は近くの病院に入院していた。

彼自身、自分がいつ、どうやって入院したのか、わからないのだという。

入院中に原因不明の高熱が続いて、ずっと眠り込んでいたらしい。

「詳しく聞いたらさ、アイツ、自分があの朝にやらかしたことを、まったく覚えてなかったんだよ。ただ、入院していたときに高熱で酷く魘《うな》されたようで……」


彼は、病床でずっと夢を見続けていた。

夢の中で、数人の子供から石を投げつけられたという。

〈許してくれ〉と何度も懇願したが、子供たちは笑いながら石を放ってくる。

その中には、仲のよい友達の顔もあった。

そして最後に、まったく見覚えのない男性が現れた。

頭頂部がべっこりと凹《へこ》んだ、眼球の大きな全裸の男だった。

男は薄ら笑いを浮かべながら、両腕に抱えたコンクリートブロックを、窪田君めがけて投げつけてきたという。

『――やっつけてやろうかぁ?』

ブロックが当る瞬間、耳元で声がした。

同時に、窪田君は自分の叫び声で目を覚ましたのだという。

翌日、急激に回復した彼は、心配する両親をよそに登校してきたのだそうだ。

担当した医師も、何が原因で快方へ向かったのか、わからなかったらしい。


夏休みが終わると、窪田君はコロコロと太った元の体型に戻っていた。

ただ不思議なことに、以前のガキ大将然とした粗暴さは鳴りを潜め、勉学に勤しむ真面目な子に変わっていたのだという。

「だからアイツ、中学二年に上がる頃は、成績優秀な生徒になっていたよ。その後に引っ越しちゃったから、それから先は知らないけどね」

村上さんは、用水路で死んでいた人物が誰だったのか、聞き損ねてしまったそうだ。

遺体の身元が判明したのかどうかすら、知らないという。

サーバー

アヤさんは、一六歳のときに家出をした。

以前から両親と反りが合わず、何度も無断外泊を重ねた挙句の家出だった。

だが、ひとりで生活をする当てなどなく、漫画喫茶に泊まる金も数日で尽きた。

スマホ代も払えず、自然と街角でサラリーマン相手に売春《ウリ》をやるようになった。

そんなとき、知り合った客のひとりから「うちにこないか？」と誘われた。

Tという名前の、高級ブランドで身を包んだ中年男性だった。

彼は自分のことを、日本で有数の資産家だと言っていた。

「最初は、冗談だと思っていたの。でも、そのまま家について行ったら、ホントに都内の高級住宅地にある、大きなお屋敷に住んでいたのね。で、その晩ベッドの相手をして、翌朝に帰ろうとしたんだけど……」

Tから「もう暫《しばら》く、うちにいればいい」と、引き留められた。

元々アヤさんに、定まった住処などない。

〈別にいいや〉と、もう数日泊めて貰うことにした。

それがマズかった。

その数日間にアヤさんは、自分が黙って家を出たこと、また、東京で交友関係がまだ築けていないことなどを、すべて聞き出されてしまったのである。

そうした上で、Tは徐々にアヤさんを拘束するようになった。

最初にスマホを取り上げられ、次いで屋敷の外に出ることを禁じられた。

生活に必要なものは、Tがすべて揃えてくれた。

そして数日経つと「お前の先輩だ」と、Nという女性をいきなり紹介されたという。

女は「T様の奴隷です」と、変な自己紹介した。

「そのひと、都内の銀行に勤めているOLだって言っていたわ。なんでも、通いで性奴隷をしているとかで……その頃かな、セックスの要求が少しずつ変わっていったの」

性行為に、Nも加わるようになった。

漫画でしか見たことのない奇妙な道具を使われ、昼も夜もなく求められた。

そして、得体の知れない錠剤を飲まされた。

「快感を高めるクスリだ」とTは言い、実際、その通りだった。

一日中、全裸で過ごしたりもしたが、それほど嫌だとは思わなかった。

逃げ出したところで、未成年の家出人として補導されるのが関の山である。

実家にだけは、戻りたくなかった。

そんなアヤさんの心情を見透かしたのか、Tの要求は更にエスカレートしていく。

「そのうちね、SMみたいなことをやり始めたの。最初の頃は、Nさんと一緒に縛られたりしたんだけど、いつの間にか彼女も責める側になっていて」

Tはよほどの資産家なのか、仕事で屋敷を空けることが殆どなかった。

また、アヤさんが欲しがるものは、どんな高価なものでも買ってくれたという。

ひとりでの外出は禁じられていたが、買い物に同行することは許されていた。

そして、整形手術の費用まで出してくれた。

「最初に、胸を大きくしようって言い出したのは、Tだったのね。でも、ついでだから顔の方も頼んだの。だから、この顔には結構な金額が掛かっているはずよ……性奴隷ってことだけを除けば、凄くセレブな生活が送れていたわ」

Tとの生活は、いつしか一年を過ぎようとしていた。


ある晩のこと。

TとNのふたりに責められ、拘束用の椅子に裸で縛られた。

そして、Tに首を絞められたという。

「それのことを、Tは『窒息プレイ』って言っていたわ。なんでも、窒息させて低酸素状態にすることで、オーガムズを感じるってプレイらしいの」

何度も頸動脈《けいどうみゃく》を塞がれ、アヤさんは完全に気絶した。

そして、次に目を覚ましたとき、目の前でふたりがワイングラスを傾けていた。

グラスには〈どろり〉とした、真っ赤な液体が注がれている。

ぼんやりしながら見回すと、テーブルに針のついたチューブが置いてあり、自分の腕にはガーゼが当てられていた。

――腕から血を抜かれ、飲まれているのだと気づいた。

Tが、「お前もどうだ?」と、彼女の口元にグラスを差し伸べる。

だが、体がだるく、口が開かなかった。

「それからも、月に一度くらいの回数で同じことをされたの。必ず最初に失神させられて、その間に血を抜かれたのね。さすがに血を飲まれるのは気味が悪かったんだけど、そう思っていることを気づかれちゃ駄目だって、なぜだかそう考えたの」

血液を飲んでいるときのTは、興奮しているせいか瞳が金色に輝いて見えた。

プレイの回数が増すにつれ、抜かれる血の量も増えているようだった。

半年ほど経ったある日、アヤさんは貧血で倒れたという。

そのときはすぐに回復したが、「このままでは殺される」と本気で思った。

「結局、私はサーバーをやらされているんだってことに、気がついたの。飲み放題のドリンクサーバーだって。そう思ったら、急に怖くなって」

それから彼女は少しずつ準備を重ねて、ある日、Tの不在を見計らって逃げだした。

当面、生きていけるだけの金と、生活必需品を持っての逃亡だった。

そして、そのまま風俗関係の店へと駆け込んだ。

すでに年齢が十八に達しており、雇って貰うのに何の支障もなかったのである。


それから四年が過ぎ、現在アヤさんはデリバリのヘルス嬢と、SMの女王様の両方を掛け持ちしている。

お客さんからの評判も良く、幸せな毎日を過ごせているのだという。

「ただね、やっぱりTのことが気掛かりで……」

逃げ出して一年後、あの屋敷の様子を見に行った。

だが、屋敷があったはずの場所は、ただの空き地に変わっていたという。

〈でも、更地になるのが早すぎるんじゃ〉と、不思議に感じた。

そこで、仲間のヘルス嬢のつてを頼って、その空き地について調べて貰った。

――あそこ、ずっと前から空き地だったみたいよ。

近所に客を持っているというヘルス嬢が、親切に教えてくれた。

数軒のデリバリ先で確認したので、間違いはないのだという。

「だからって、私があそこで暮らした二年間が消える訳じゃないけど……でも、気持ちが悪いの。本物の吸血鬼に囲われていたなんて、冗談にもならないから」

そして顔を顰《しか》めると、胸元に落としていたネックレスを見せてくれた。

その先には、小さな金の十字架がついている。

このネックレスだけは、どんなときも肌身から離すことができないのだという。

片手箱

やめてからだいぶ経つが、板崎さんは若い頃、スキューバダイビングが趣味だった。年に数回、ダイビング仲間と集っては、ダイビングスポットを訪れたのだという。

「古くからやっていた口でね。バブルでブームに乗った、にわかの連中とは年期が違うよ。それこそ、世界中の名所を粗方《あらかた》潰しているからさ」

そんな板崎さんが、三十年ほど前に体験した話である。

その年の夏、板崎さんは一週間の休暇を取り、仲間四人と連れ立ってフィリピンのセブ島を訪れた。

「仲間も達者な奴らばかりでね。だから、初心者向けのダイビングポイントは避けて、セブ島北側の海岸に狙いをつけていたんだ」

セブ島は、リゾートとして有名なビサヤ諸島の中心に位置する島で、四方を小さな島々に囲まれている。

板崎さんたちが滞在する北部の海岸も、対岸にレイテ島を遠望する場所だった。

そこの砂浜にバンガローを借り、プレジャーボートを使って連日ダイビングポイントを攻めたのである。

「俺らが潜ったのは、レイテ島沖合の辺りでね。深いところもあるし、水深ごとに風景が変わるから、毎日ポイントを変えてね」

彼らは、彩り鮮やかな熱帯魚が泳ぐ翡翠色の珊瑚礁を、存分に堪能した。


帰国する二日前のこと。

その日、二十メートルの深さにある岩礁を泳いでいた板崎さんは、珊瑚《さんご》の隙間に小さな木箱が落ちているのを見つけた。

オルゴールのような外観の小箱で、注意しなければ見落としていたはずである。

強く興味をそそられた板崎さんは、小箱をボートへ持ち帰ることにした。

「そしたら、『すげえ、宝箱だよっ！』って、全員が目の色を変えてね。上手くすりゃあ、次のダイビングの元手になるって、勝手にはしゃぎ始めて」

長く海底にあったのだろう、箱の表面には貝や珊瑚がびっしりと付着していた。

その隙間から、丁寧な木彫りの装飾も窺えた。

だが、いくら探しても鍵穴は見つからなかった。

「いいから、蓋をこじ開けようぜ」

仲間に促された板崎さんは、蓋にナイフをねじ込んで無理矢理に開けた。

すると、中から黒ずんだ石鹸のような、ぬらりとした塊が出てきた。

潮の香が強過ぎるせいか、まったく匂いはない。

〈これはなんだ〉と顔に寄せると、塊の先に小さな爪がついていることに気がついた。

——それは、無残に切り落とされた人間の手首だった。

船上にいた全員が、少女のような悲鳴を上げた。

「それって、死蝋化《しろうか》した人間の手首だったんだ。多分、長いこと空気に触れていなかったんじゃないかな。腐敗が止まって、石のように固くなっていたよ」

現地のガイドに聞くと、警察に相談しても何にもならないと言う。

古すぎて、地元の警察では身元判定ができるとは思えないというのだ。

皆で話し合った結果、手首を箱に戻し、元あった場所に再び沈めることになった。

「さすがに気味が悪かったけど、そうするしかなくてね」

その日のダイビングは、それでお終いになった。


翌日の、夕方。

その日、たまたま調理当番から外れていた板崎さんは、同じく手の空いた友人の野中さんと、長椅子で夕焼けを眺めていた。

南洋の潮風が心地よく、冷えたビールが喉の奥に染み込むようだった。

すると、隣にいた野中さんが、「――アイツ、また来ているな」と呟いた。

見ると、少し離れたヤシの木陰に、人影が半身を覗かせている。

そいつは、夕日を背にして、目鼻立ちがわからぬほどに影が濃かった。

野中さんに聞くと、昨日の夕方も同じ場所からこちらを覗いていたという。

「俺、ちょっと見てくるわ」野中さんがヤシの木に向かって歩いていった。

しかし、彼が近寄るよりも早く、人影は木立に隠れてしまった。

「おかしいな……誰もいないんだよ、あそこに。そんな訳ないんだけど」

野中さんが首を傾げながら戻ってきたが、それ以上には追及しなかった。


その晩、板崎さんたちは遅くに寝床に就いた。

バカンスの最後とあって、名残惜しさに酒盛りが過ぎたのである。

深夜、板崎さんは尿意を催して目を覚ました。

月明りがバンガローに差し込んで、室内は仄かに明るい。

仲間に気兼ねして、電気を点けずにトイレに入ると、長い小便をした。
ふと、正面に開いた小窓から、外を眺めた。
月光に照らされた夜の浜辺が、切り紙のように白く浮かんでいる。
風音もなく、小波のさざめく穏やかな夜だった。
ふと、小窓の向こうで、何かが動いたように感じた。
確信はないが、人の影のように見えた。
一瞬、珊瑚礁で拾った手首のことを思い出す。
そして——夕焼けに見た、あの人影。
気味が悪くなり、急いで小便を終わらせようとした。
〈ザッ、……ザッ、ザッ〉
窓の外で、砂を踏む足音が微かに鳴った。
板崎さんは慌てて小便を済ませると、水を流さずに踵《きびす》を返した。
——が、不覚にも、トイレのドアに貼られた鏡を見てしまう。
背後の小窓に、異様なものがいた。
それは、焼けたミートボールとしか例えようのない代物だった。
両目を抉《えぐ》って、鼻を潰し、強い炎で焼き焦がした肉の塊。

無意識に〈はぁぁ……〉と、喉の奥から息が漏れた。

時間を掛けて鏡を見直すと、何もいなくなっていた。

「頭がじんと、痺れたみたいになってね。ただ、とにかく寝ている仲間のところに戻ろうって……それぐらいしか、思いつかなくてさ」

震える足でトイレを後にし、リビングを進むと〈カチャ〉と小さな金属音が聞こえた。

バンガローの出入り口のドアノブが、ゆっくりと回っていた。

「嘘だろ……」

為す術もなく、呆然とドアを見詰めた。

だが、回りかけていたドアノブは、途中で〈ガチャン〉と元の位置に戻った。

やがて、また握り玉が回りだし、再びバネの反動で虚しく戻る。

何度も何度もそれは繰り返されたが、ノブが最後まで回り切ることはなかった。

見切りをつけた板崎さんは、寝室に転がっていたウオッカのボトルを一気に煽《あお》ると、そのまま自分の寝床に倒れ込んだ。

まだ、ノブが回される金属音は聞こえていたが、どうにでもなれと思った。

眠りに落ちる寸前、〈手首がないから、ドアを開けられないのか〉と気がついた。

「次の朝、真っ先に外を見に行ったんだけど、足跡なんかはなかったよ。結局、俺自身も、あれが本当にあったことなのかどうか、よくわからないんだ」


後年、板崎さんはフィリピンに詳しい友人に、この体験を語ったことがある。

すると、その友人は「その手首って、呪術だよ」と、教えてくれた。

聞くと、かの国では古くからの土着宗教や、民間信仰が多く残っているのだという。

それら宗教には、人間を生贄に用いる「呪術」が現存しているらしい。

「犠牲になった奴は、体中を切り取られたんじゃないかな。探せば、同じような木箱がもっと見つかったはずだよ」

まるで見てきたかのような話しぶりで、友人が言った。

だが、さすがに「呪術」などという胡散臭《うさんくさ》い話を、俄《にわ》かに信じる気にもなれない。

訝しく思い、「お前、なんでそんなことがわかるんだよ」と問うた。

「――だって、ドアは開かなかったんだろ？　両手首が無いってことじゃないか」

友人は、事も無げに言ってのけたという。


板崎さんがダイビングで奇妙な体験をしたのは、それが最初で最後だったそうだ。

放り火

友人の岡崎は子供の頃、放火犯ではないかと疑われていた時期がある。

彼がまだ小学三年生で、上越の地方都市に住んでいた頃の話だ。

「別に、何をしたって訳じゃないんだ。たまたまある日、ポケットにマッチ箱を入れたままで、うっかり登校してさ。それをクラスの友達に見咎められたのが発端でね」

最初は校則違反だのなんだのと、子供同士の口喧嘩に過ぎなかったという。

それがいつの間にか、岡崎がいまここでマッチを擦る度胸があるかという、意味のない意地の張り合いに変わっていた。

「そんなの簡単だよ」

挑発にのった岡崎は、自分の席に座ったままでマッチを擦った。

曇天《どんてん》の薄暗い教室が、小さな炎で照らされる。

その瞬間、クラスにいた生徒たちが〈ざわっ〉と、どよめいたのだという。

「そのときはさ、『もしかして俺、目立ってる?』って、ちょっと調子に乗ったんだけど……いやあ、先生に怒られた、怒られた。誰かがチクったみたいで」

放課後には両親まで呼ばれて、随分とねちっこく叱られた。

岡崎は「たかがマッチ一本で」と思ったが、両親の手前、反省せざるを得なかった。

「それが三学期のことでね。その後すぐ進級して、クラスが変わったんだ」

まだ日本が、少子化などと騒がれていない時代である。

岡崎は仲の良い生徒がひとりもいない教室に、組分けされることとなった。

もっとも、社交的な岡崎のこと、新しい友達と馴染《なじ》むのに時間は掛からなかった。

そして月日が流れ、初夏に差し掛かった頃だ。

学校の体育館が、火事で全焼してしまったのだという。

放課後、殆どの生徒が下校した後に出火したらしく、消防隊が到着したときには手が付けられなくなっていた。

火事は深夜を回ってようやく鎮火され、すぐに出火原因の調査が始められた。

「で、警察が調べた結果さ、放火だったんだよ。なんでも、体育館裏の体育倉庫の中に、マッチを使った痕跡が残っていたみたいで……でね、どうやら警察は、暫く俺のことを、放火の犯人だと疑っていたみたいなんだ」

後に知ったことだが、当時、両親が警察に聴取を受けていたのである。

なんでも、去年の担任が、岡崎が犯人ではないかと警察に伝えていたらしい。

教室でのマッチの一件を、担任は放火と結び付けて考えていたのである。

だが、当の本人である岡崎はそんな事情を知る由もなく、いつも通りの生活を過ごしていた。

そして夏休みも中盤に差しかかった頃、放火犯が捕まったという話を聞いた。

犯人はN君という、去年、同じ教室にいた生徒だった。

「あまり仲良くしていた奴じゃなかったから、顔もよく覚えていないんだよ。目立たない子だったとは思うけど……でも、体育館を燃やすような奴じゃないと思ってね」

聞いた話では、N君は両親に付き添われて、警察に自首したらしい。

当時は現在ほど子供の犯罪に目くじらを立てる風潮でもなく、また事件が一応の解決を見たことで、地域住民の放火への関心は急速に薄れていったのだという。

N君は、夏休みが終わる前に転向してしまった。

「だから、俺は体育館の火事とは一切関係がないんだけどさ……その後、ちょっと嫌なことを聞いちゃってね」

翌年、五年生になった岡崎は、同じ教室の田原君とよく遊ぶようになった。

元々、彼とは三年のときにも同じ教室だったのだが、四年で組分けが変わったので、暫く疎遠になっていたのである。

放課後や休み時間に、他愛もないお喋りを延々と繰り返した。

そんなある日、体育館の火事について話題が上がった。

「あれって、Nがやったんだろ……あいつ、馬鹿なことをしたよな」

岡崎がそう言うと、田原君が意外そうな顔をした。

「えっ？　お前、知らなかったのか？　あれ、きっかけはお前だぞ」

そう言うと、田原君がその理由を教えてくれた。


二年前、岡崎が教室でマッチを擦ったときのことである。

マッチの炎が、周囲を仄かに照らした、その瞬間。

岡崎の背後に〈ぼうっ〉と女が立ったのだという。

衣服が黒く焼け、髪の毛がチリチリに焦げた煤《すす》だらけの女だった。

明りが弱く、女の顔までは見えない。

教室にいた生徒のほぼ全員が、息を呑んでその女を見詰めたという。

だが、岡崎は背後に女が立っていることなど露知らず、自分が注目されているものだとばかり思い込んでいたらしい。

やがて、マッチの火が尽きるのと同時に、女は音もなく姿を消した。

その直後、岡崎は職員室に呼び出されることになったが、一方、教室では先ほど現れた女の話題で持ち切りとなった。

中でも、男子生徒の数名は〈もう一度、あの幽霊が見たい〉と熱望した。

〈岡崎ができたのだから、自分も〉と、思い込んだようだった。

そして、彼らは学校の敷地内で、こっそりとマッチを擦るようになった。

裏庭の雑木林や、非常階段の隅、そして体育倉庫――

彼らは人目を憚《はばか》りながらも、幽霊を召喚しようと躍起になっていたのである。

「そんなときに、あの火事が起こったんだけど……聞いたらさ、Nは自首する前、田原に会いに来たって言うんだよ。で、自分がなぜ体育館を燃やすことになったのか、そのときの状況を、田原に詳しく説明していったらしいんだ」

以下は、N君が田原君に明かした証言である――

その日の放課後、N君はひとりで体育倉庫に忍び込んだ。

台所から持ち出した徳用マッチで、〈今日こそは〉と幽霊の召喚に臨んだのだ。

次々とマッチを擦っては、その炎で倉庫内を見回した。
——と、体育用具が積まれた倉庫の奥に、女の姿を見つけた。
以前、岡崎の後ろに現れた、あの女だった。
〈おっ、やった！　とうとう出てきたぞっ！〉
N君は喜び勇み、次々とマッチを擦り続けた。
すると次の瞬間、女が直立した姿勢のままでN君に近づいてきた。
同時に、数本のマッチの炎が、はっきりと女を照らした——
女の顔面は赤く膨らんだ水疱《すいほう》に覆われて、熟々と爛《ただ》れきっていたという。
それでも、焦げた前髪の下でかっと見開かれた両目は、強くN君を睨みつけている。
それは、重度の炎症を治療せずに化膿させた、醜悪な顔貌だった。
「うわーっ！　来ないでっ！」
喜んだのも柄の間、N君は急にその女が怖くなった。
「来るなーっ！　こっち来るなっ！」
パニックを起こしたN君は、咄嗟にマッチを擦って女に投げつけたという。
そのとき、女の動きが止まった。
〈これだっ！〉と、N君は火の点いたマッチ棒を次々と放った。

女から逃れる術は、他になかった。

――突然、女の背後で炎が上り、倉庫内を明々と照らし始める。

体操用のマットが、めらめらと炎を上げて燃えていた。

それを見て、N君はやっと我を取り戻したが、すでに手遅れだった。

炎上する体育倉庫で、女は焼けた顔面を歪めながら蜃気楼のように嗤《わら》い狂っていた。

為す統べもなく、N君はその場から逃げ出したという。


「……正直言うとさ、田原の話が本当なのかどうか、俺にもわからないんだ。俺はその女を見ていないし、Nとも会っていないから……ただね」

体育館の一件が解決した後、その地域一帯で火事が頻発した。

およそ二年間に、七軒の家が燃えたのだという。

ただ、出火の原因は火の不始末や漏電で、放火が疑われる火事は一件もなかった。

「だけどさ、火事を起こした家って、全部、俺が三年生のときに同じ教室だった生徒の家なんだよ……皆、俺がマッチを擦ったときに、居合わせていた奴らだったんだ」

出火した七軒の中には、田原君の家も含まれていた。

彼の家は小学校の卒業式前日に、台所からの失火で全焼してしまったのである。

それ以降、田原君は岡崎のことを避けるようになった。

また、岡崎も顔に大きな火傷を負った田原君に話しかけ難くなり、二人の仲はそれっきりとなった。

「掛ける言葉が見つからなくてさ……まぁ、仕方ないよな」

そう言って、岡崎は俯いた。

すかぶらの唄

まだ、バブル経済が全盛期だった頃の話だ。

当時大学生だった松井さんは、夏休みを利用して北海道を旅行した。

大学のゼミで知り合った仲間八人での、グループ旅行だったという。

期間は二週間で、勝手気ままに北海道の名所を観光して回った。

「映画の影響だと思うけど、あの頃は学生旅行が流行《はや》っていたんだよ。車三台に八人が分乗して、わいわいやりながらさ。まぁ、気楽なもんだよ」

そういう時代だったのである。


旅行も終わりに近づいてきた、ある日のこと。

松井さん一行は、道内のとある炭鉱を訪れたという。

閉山して十数年経った廃鉱で、近くには無人となった飯場の施設が並んでいた。

ただ、どの廃屋の周囲にも葦藪《あしやぶ》が生い茂り、忍び込むのには骨が折れそうだった。

「まぁ、廃墟に興味がある訳じゃなかったから。だけど、仲間のひとりが『こっちに廃坑があるから、行ってみようぜ』って言い出して」

言われるまま山道を登ると、なるほど、行き止まりの斜面にアーチ状の空洞が開いており、その周りがコンクリートで補強されていた。

さほど大きな炭鉱には見えなかったが、覗くと奥は深そうだ。

「……入れそうだな」

注意しながら、廃鉱内に足を踏み入れたという。

黴《かび》と湿った土の臭いがむっと立ち込めているが、懐中電灯で照らすと内部はしっかりと梁《はり》で支えられている。差し当たって、それほど危険があるようには見えなかった。

試しに十メートルほど進んでみると、坑道が二股に分岐している場所に出くわした。

そこから先は坑道が小さくなっており、一段と闇が深い。

「いま考えると、かなり危ない真似をしていたようにも思えるけどね。ただ、当時は若かったから『二手に分かれて進もう』なんて、探検隊みたいなことを言ってさ」

だが、仲間のTくんとSさんが、これ以上は行きたくないと言い出した。

彼らはアベックで旅行に参加しており、暗い坑道を怖がるSさんを、Tくんが気遣っている様子だった。

ふたりを分岐点に残すことにして、松井さんたちは三人ずつ別々に坑道を進んだ。

「だけどね、俺が行った方は、ちょっと進んだところで坑道が塞がっていたんだ。で、仕方なく引き返したんだけどさ」

別の坑道を進んだ連中が、足音を忍ばせながら帰ってきた。

「おい、凄いぞ」と、三人の口元が綻んでいる。

聞くと、この先の坑道で、艶めかしい女の喘ぎ声が聞こえるらしい。

もしかしたら、地元のカップルが青姦をしているんじゃないかと言うのである。

「夢中でヤッてるみたいだからさぁ、覗きに行こうぜ」

そう言われて、俄然興味が湧いた。

「さすがに、TとSはその場に残ったけど、他の連中は盛り上がってさ。言われると、確かに女の喘《あえ》ぎ声が聞こえてくるんだよ」

坑道の先に、仄かな灯りが見えた。

近づくと、坑道の脇に穴倉のように窪んでいる場所がある。

〈……おい、あれ〉と、仲間が声を潜めた。

穴倉に黒い影がふたつ、折り重なるように腰動していた。

その動きが大きくなるにつれ、切なげな女の嬌声が甲高く響いた。

だが、よほど灯りが弱いのだろうか、男女の姿は影にしか見えない。

すると次の瞬間、仲間のひとりがふざけて「いつまでも、ヤッてんじゃねーよ！」と、懐中電灯を人影に差し向けた。

——人影は、黒いままだった。

全身真っ黒いだけの人影がふたつ、大蛇が絡み合うようにして身悶えていた。

頭髪も顔も衣服もなく、およそ生きている人間には見えなかった。

「うわっ！」悲鳴を上げて、仲間が電灯を落とした。

一瞬、坑道が完全な暗闇に閉ざされたが、「やべえ、怖えよっ！」と、すぐに別の仲間が電灯を点けた。

再び穴倉が照らされると、すでにふたつの人影は消えていた。

「皆が『変なものを見た』って、パニックになりかけてね。でも、廃坑でバラバラになるのは危ないだろ。一旦落ち着かせてから、その場を離れることにしたんだ」

外に出て、そのまま次の宿泊予定地であるキャンプ場へ、向かうことにした。

キャンプ場に向かう途中、松井さんは後続車が一台足りないことに気がついた。

見当たらないのは、TくんとSさんが乗る軽自動車だった。

もう一台に聞くと、神居古潭《かむいこたん》のトンネルを出たとき、すでに見失っていたという。

「でも、トンネルに入る直前まで、確実に後ろにいたって言うから」

後から来るのかもしれないと、とりあえずキャンプ場へ向かうことにした。

だが、幾らキャンプ場で待っても、ふたりは一向に現れなかった。

そのうち夕食どきが過ぎ、消灯の時間になると、皆が本気で心配し始めた。

「でも、まだ携帯も普及していない時代で、連絡はとれないし……かと言って警察に捜索を頼むのも、早計に思えて」

とりあえず朝まで待って、それでも来なければ警察を頼ろうと話し合った。

だが、深夜一時を過ぎた頃、Tくんたちが乗った車がキャンプ場に現れたという。

「なんだよ……やっぱり、道に迷っていたのか」

松井さんたちは、ほっとしてふたりを迎えに出た。

――だが、様子がおかしい。

ふたりはいつまでも車から降りようとせず、じっと前方だけを見続けている。

焦《じ》れた仲間がドアを開けると、〈あわ、あわ、あわ……〉と口顎を震わせるだけで、ふたりはまともに言葉を喋らなかった。

その上、なぜか彼らの顔面は真っ黒に煤《すす》けていたという。

「おい、こいつら様子が変だぞっ！　なんか、あったんじゃないか？」

行方不明になっていた挙句に、この状態である。

このままにはしておけないと、松井さんはキャンプ場の管理人に相談をし、一番近くにある病院を紹介して貰った。

キャンプ場が世話になっている個人病院で、車で数十分の距離にあるという。

早速、ふたりを別の車に乗せ換えて、病院に向かった。

「ふたりとも、呆然自失って感じでね。目も虚ろだし、ずっと顎をガクガクさせていて。ただ、顎を震わせながら、妙な声を出していたんだよ。なんか、変に節のある、鼻歌みたいな声を」

それは、まるで古い時代の〈小唄〉のように聞こえたという。

やがて車が病院に着き、高齢の医師が対応してくれた。

キャンプ場から連絡を入れてあったので、予め用意をしていてくれたらしい。

半時ほど待合室で待たされ、その後に老医師から診察結果の説明があった。

「軽いショック状態のようだが、別に心配はいらないよ。一晩、うちで様子を見るから、アンタたちは明日、また来てくれるかね」

そう言われ、一旦キャンプ場に戻ることにした。


翌朝、再び病院に行くと、TくんとSさんは普段の状態に戻っていた。

顔の煤も拭き取られ、意識もはっきりとしているようだった。

ただ、昨晩のことは、ふたりともよく覚えていないという。

その後、松井さんは〈話が聞きたい〉と、老医師から呼び出された。

「いや、いや、久しぶりに『すかぶら』を見たよ。懐かしいもんだ」

老医師から、最初に言われた言葉である。

だが、何のことだかわからない。

〈はぁ〉と、首を傾げると「なんだ、知らんのか」と呆れた顔をされた。

「『すかぶら』ってのはね、怠け者の炭鉱夫のことだよ。昔、炭鉱がまだ動いとった頃には、そういう、おどけ者の炭鉱夫がいたんだよ。ただ、そういう連中がおらんと、他の炭鉱夫たちの仕事の効率が悪くなってな」

どの炭鉱でも、少人数の『すかぶら』は許されていたのだという。

また、薄暗い炭坑の中でも『すかぶら』は、ひと目で判別ができたらしい。

彼らは汗を流さないので、顔が炭塵で真っ黒に汚れていたのだ。

だが、そんな『すかぶら』でも、ひとつだけ重要な仕事があったという。

落盤事故が発生したとき、真っ先に地上へ知らせる伝令役を担っていたのである。

そのため『すかぶら』は、日頃から小唄を歌っていたそうだ。

「落盤を目の当たりにするとな、大抵の奴はショックで喋れなくなるんだ。だから、『すかぶら』はいつも小唄を歌って、口先に唄を染み込ませていたんだ。喋れんでも、唄は歌えるだろ？　地上で『すかぶら』が歌うのは、落盤が起きた知らせなんだよ」

——昨日、あんたの仲間が歌っていた唄が、それなんだ。

そして老医師は「あまり妙な場所に、立ち入らないことだ」と、松井さんを睨んだ。

返す言葉が、見つからなかったという。

「後で調べるとさ、ＴとＳは妙に『すかぶら』と重なるんだよ。例えば、『すかぶら』は夫婦でやることが多かったみたいで……落盤に備えて、夫婦で坑道の分岐点に立っていたっていうんだよ。俺らの中で、アベックだったのはアイツらだけだったし」

旅行が終わり、やがて二学期が始まると、ふたりはゼミに来なくなった。

そして、冬休みが始まる前に、揃って大学を辞めてしまったのだという。

ふたりが派手に遊び歩いていると、噂が流れた直後のことだった。

「まあ、バブルの頃の学生なんて、皆、『すかぶら』みたいなもんだったけどね」

松井さんは、冗談交じりに言った。

押入れ

芳香さんは子供の頃、母親から虐待を受けていた。

当時は、実の母親のことを鬼か悪魔のように思っていたという。

「ホントによく叩かれたわ。さすがに顔はなかったけど、体の方は生傷だらけで……ただ、以前は叩いたりするような母親ではなかったの」

最初に体罰を受けたのは、芳香さんが小学三年に上がった頃だった。

よほど印象が強かったのか、いまでも彼女はそのときの様子を鮮明に覚えている。

それは、きっかけとも言えないような、些末な出来事だった。

「……学校から帰って来て、ソファーにランドセルを投げたのよ。それを母に見られて、ちょっと言い訳したの。ただ、それだけなんだけど……」

布団叩きで、滅茶苦茶に叩きのめされた。

あまりに強く叩かれたせいで皮膚が裂け、後になって化膿してしまい、シャツの背中を膿《うみ》で汚したほどだった。

だが、そのときは母親も後悔したようで、丁寧に介抱してくれたという。

「でも暫くすると、また酷く叩かれて。でね、大抵の子供って、そういう風に虐待され続けると、自分が悪いから罰を受けるんだって、思い込んじゃうらしいのね……だけど、私の場合は違ったの」

彼女はなぜ自分が叱られるのか、まったく納得できなかった。

ある程度、分別のつく年齢になっていたということもある。

だが何よりも、突然怒り出す母親の様子が、尋常ではないと感じていた。

また、父親が家にいるときに、母親は決して体罰を行わなかった。

そのことで母に、〈後ろめたさがあるんだ〉と、芳香さんは気づいていたのである。

「でも、だからと言って、父に助けを求めたりもしなかったの。それをしちゃうと、家族の繋がりを完全に壊しちゃうような気がして……結局、自分から行動を起こすことが怖かったのね」

あるとき、逆上した母親に酷く叩かれた芳香さんは、我慢が出来ずに逃げ出した。

当時住んでいた家は広い旧家で、その気になれば家の中を走って逃げることができたのである。

だが、そんなことをしても、いつかは捕まってしまう。

そう考えた芳香さんは、咄嗟に和室の押入れに逃げ込んだという。
数枚の座布団を押し除けて、中でじっと息を殺した。
――ふいに、気配を感じた。
驚いて、押入れの反対側に目を向けると、人がいた。
暗闇の中、二つの瞳が黒々と浮いている。
顔の輪郭もはっきりと見て取れるが、体には色がなかった。
それは――全身が真っ黒に焼け焦げた、女性だった。
その女は、四つん這いに近づいて〈ぐっ〉と顔を寄せた。
「ぎゃあああぁぁーー」
絶叫し、押入れから逃げようとした。
だが、襖《ふすま》は固く閉ざされて、少しも動かせなかった。
「あけてっ、あけてっ！」
「うるさいっ！　お前が、自分から入ったんだろっ！」
襖越しに、母親が怒鳴った。
母親が襖に心張り棒をかませた上に、外から押さえつけていたのである。
それでも芳香さんは外へ出ようと、ガリガリと襖に爪を立てたという。

「……結局、押入れから出して貰えたのは、父が帰宅するちょっと前だったわ。その間、押入れの女は、ずっと私の傍にいたの」

やっと押入れから出された芳香さんは、恐怖で虚脱した状態となった。

だが、それを見て効果的だと思ったのだろう、その日から母親は気に食わないことがあると、芳香さんを押入れに閉じ込めるようになった。

その度に、彼女は泣きながら、恐怖に耐えなければならなかった。

「あの頃は、本当に辛かったわ。なんで自分がこんな目にあわされるのかって、凄く惨めな気持ちになってね。怖くて、悲しくて、どうしようもなかったの。だから、押入れの中では、ずっと膝を抱えて泣いていたのね……そうしたら」

——真っ黒な女が、そっと肩を抱いてくれた。

カサついた手のひらが肩の皮膚を刺したが、不思議と嫌だとは感じなかった。

それは、芳香さんを気遣うような、やさしい抱擁だった。

女が、追い詰められていた芳香さんを、慰めようとしているのだと思った。

それからは、押入れに閉じ込められる度に、女が肩を抱いてくれるようになった。

ささくれていた心が、自然と和らぐのを感じた。

「見た目はやっぱり怖いのよ。体中が焦げているのに、白目だけが光っていて。でも、肩を抱かれていると安心するっていうか、自分にも優しくしてくれる人がいるんだって思うとね……でも、変な話よね。押入れの外には実の母がいるのに」

いつしか、芳香さんは押入れに閉じ込められることが、怖くなくなっていた。

それから半年ほど経つと、母親の虐待もぱったりとやんだのだという。

その後、女に会うこともなく、あれが何だったのかいまでもわからない。

「でね、つい最近になって、母に聞いたの。なんであの頃、あんなに私のことを叩いていたのかって……母ね、子供を堕ろしていたのよ。それも、何度もね。どうも、うちの父が避妊をしたがらなかったらしいの。そのくせ、毎晩のように母を求めていたんだって……最低よね、そんなの」

母親は堕胎を繰り返す毎、「生まれなかった子供に申し訳ない」と、強烈な罪悪感に苛まれていたらしい。いつしか、それが「芳香は、産んで貰えたくせに甘えている」と、理不尽な感情に変わっていったのである。

その後、母親の様子がおかしいと気づいた父親が、夫婦間で話し合い、子供への虐待をやめさせたのだという。

「でもね、私も結婚して子供ができてからは、あの頃の母の気持ちが少しわかるような気がするの。やっぱり、子供を育てるのって大変なことだから」
芳香さんも、たまに子育てに倦《あぐ》み、何もかも投げ出したくなることがある。
子供が言うことをきかず、手を上げたくなるのも日常茶飯事だ。
だが、そんなときに彼女は、押入れにいたあの女のことを思い出す。
——そっと肩を抱かれ、心から安心できた、あの瞬間。
それを思い出す度に気持ちが解れ、日々生きていく活力が湧いてくるのだという。

ぎゅん

かなり以前に聞いた話だ。

森村さんは十四歳のとき、静岡にあった軍事工場で働いていたという。

太平洋戦争末期、学徒勤労令が公布された年のことである。

「学校が授業の代わりに、子供を工場で働かせたんだよ。いま考えると……国も大人も、すべてが狂っていたんだと思うよ」

森村さんが動員されたのは、故障した拳銃の再生工場だった。

弾が撃てなくなった拳銃を修復し、再び戦地へ送り返していたのである。

もっとも、拳銃の分解、組立ては一般の工員が行い、学徒に割り当てられたのは銃身の研磨作業だったという。

ただ、戦時下の深刻な物資不足の中、極限まで使い回された拳銃である。

生半なことでは銃身にこびり付いた汚れを落とすことはできず、洗浄には硫酸《りゅうさん》など溶解力の強い酸が使われた。

「銃身をね、強い酸に暫く浸すんだよ。すると、固まった汚れが落ちやすくなってね……ただ、安全は二の次だったし、俺ら学徒は使い捨てみたいなもんだったから」

危険な薬品を扱ってはいたものの、耐薬品性の保護装備は与えられなかった。

そのため、強酸に触れて火傷を負う子供が続出した。

中には、薬品の蒸気を吸って昏倒する子供もいたし、跳ねた硫酸を目に入れて、失明してしまう者までいた。そんな状況であっても、動員された子供に対する一般工員たちの態度は非常に冷たかったという。

〈役立たずの餓鬼《がき》が〉と、殴られることも少なくなかった。

「当時は子供の扱いなんて、そんなもんだったよ。それでね、その頃同級生に、留吉っていう子がいたんだ。小柄な子でね、皆が留ちゃんって呼んで仲良くしていたんだけど……留吉は、その工場で亡くなったんだ」

彼は貯蔵室に硫酸を汲みに行き、高濃度の硫酸槽に落ちてしまったのだという。

床に零《こぼ》れた硫酸を踏み、履いていた下駄を滑らせてしまったらしい。

周りにいた子供たちも硫酸に手を突っ込む訳にいかず、すぐに救い出すことができなかったのである。結局、監督役の軍事教官が棒切れを使って引き上げたときには、留吉の体は粗方《あらかた》が消失していたという。

「酷いものだったよ。集めた遺体は硫酸で炭化していて、元の半分も無くなっていたし……遺体は、遺族に引き渡さずに教官が焼いてしまったんだ。さすがに、あの状態じゃ親には見せられなかったんだろうが……留ちゃんも浮かばれないよ」

留吉の遺族に対して、軍部や工場からの謝罪はなかった。ただひと言、軍事教官が「御国のためだ」と言っただけで、すべてが済まされてしまったのだという。

――だが、工場はそれでは済まされなかった。

留吉が亡くなった翌日から、人魂が現れるようになった。

しかも、恐ろしいほどの速さで、工場内をぐるぐると飛び回ったのである。

その間、子供たちは怖がって作業場から逃げ出し、普段偉そうな態度の軍事教官も、ぶるぶると震えるばかりだったという。

人魂は毎日、午後四時五十分になると出現し、三十分ほど飛び続けてから消える。

留吉が硫酸槽に落ちたのと、同じ時刻だった。

〈留ちゃん、よっぽど苦しかったんだな〉と、森村さんは憐れに感じたそうだ。

だが、やがて留吉の人魂も工場も、すべてが意味をなくしてしまった。

昭和二十年六月、旧静岡市が未明に空襲を受け、幾多の軍事工場を含んだ市街地が焼け野原になってしまったのである。犠牲者は二千人近くに及んだと、史実にはある。

そんな極限の惨禍の中、森村さんは辛くも生き残れたが、幼い妹を亡くした。

戦争が終わり、四十年ほど経った頃のことだ。

ある日、森村さんのもとに同窓会の招待状が届いたという。

「国民学校（現在の小学校）のときの同級生からでね。元々、数人の同級生と連絡は取り合っていたんだが、同窓会は初めてでね。それも、故郷の静岡でやるというから」

長いこと地元を離れていた森村さんにとっては、久しぶりの帰郷となった。

同窓会は昼過ぎに地元の料亭で開かれ、大変な盛り上がりを見せたという。

過ぎ去りし日々の思い出話に花が咲き、やがて戦時下の学徒動員の話となった。

誰もが〈酷い時代だった〉と、悔しげに顔を顰《しか》めたという。

「で、同窓会は三時半で終わったんだけど、私はなんだか飲み足りなくてね。だから仲の良い数人を誘って、二次会に行くことにしたんだ」

だが、居酒屋が開店するまでに、少し時間がある。

すると誰ともなく〈だったら、軍事工場を見に行くか〉という話となった。

街並みは四十年前から大きく変わっていたが、市外の公道には左程変化がない。

小一時間ほど歩くと、以前、軍事工場だった場所に辿り着いた。

「でも、工場は完全になくなっていたよ。跡地には雑草が生い茂っていたしね」

それでも跡地の前に立つと、当時のつらい思い出がよみがえってくる。

戦争の犠牲者を悼み、森村さんたちはその場で長い黙祷《もくとう》を捧げたという。

そのときだ――

〈ぎゅん、ぎゅっ、ぎゅっ、ぎゅん、ぎゅーーーん〉

突然、旋盤を回すような、甲高い風切り音が周囲に響いた。

驚いて跡地を見ると、大きな光の輪が草むらの中で回転している。

それは――凄まじい速さで飛ぶ、人魂だった。

時刻は、午後四時五十分。留吉が硫酸槽に落ちた時刻だった。

「留ちゃん……お前、まだ成仏できていなかったのか……」

全員が唖然とする中、人魂は回転を続け、やがて夕闇に溶けて消えた。

その姿があまりにも哀れで、森村さんは涙が止まらなかったという。

「それからは、毎年同じ時期に同級生たちと供養に行くことにしたんだ。もっとも、留ちゃんの人魂は、二度と現れなかったけどね……」

そう言って溜め息を吐くと、「戦争だけは駄目だよ」と森村さんは呟いた。

森村さんが鬼籍に入ってから、すでに五年が経つ。

宅災

都内で小料理屋を営む恵子さんから、こんな話を聞いた。

「母方の叔母で、遼子さんって人がいるの。色々、苦労してきた人でね……で、この話は、遼子さんの家族に纏《まつ》わる話なんだけど」

いまから、三十年ほど昔のことだ。

遼子さんは、都心からだいぶ離れた郊外のアパートに、家族で住んでいた。

長距離トラックの運転手をやっている夫の茂雄さんと、息子の孝則君との三人家族だったという。

仕事柄、茂雄さんは長期間、家を空けることも珍しくなかった。

ある日の夕暮れ。仕事を終えた茂雄さんが、久方ぶりに帰宅した。

だが、遼子さんが玄関に迎えに出ると、夫がおかしなことを言い出した。

「いまから、墓参りに行かないと。墓に……いまから」

遼子さんは呆れて、「なにを言っているの、いま帰ったところでしょう? そんなの、明日にすればいいじゃない」と諫《いさ》めたが、なんとなく様子がおかしい。

いつまでも玄関から動こうとせず、表情も虚ろだった。

「とにかく、夕飯を食べなさいな」と無理矢理に食卓に座らせてみたが、やはり表情が曖昧なままである。

食事を運ぶ箸先も定かではなく、時折「……墓参りに」と呟いていた。

〈この人、一体どうしちゃったのかしら？〉

心配した遼子さんが、病院に連れていこうと準備を始めた矢先である。

急に立ち上がった茂雄さんが、自家用車の鍵を鷲掴《わしづか》みにして駆け出してしまった。

そして、引き留める間もなく、車を急発進させたという。

だが、駐車場を出た直後にスリップし、側溝にタイヤを填め込んでしまう。

遼子さんが慌ててドアを開けると、茂雄さんは運転席で気を失っていた。

仕方なく、近所の住人に助けを借りて、部屋に運んで貰ったそうだ。

翌朝、目を覚ました茂雄さんは、自分が事故を起こしたことはおろか、その日に帰宅したことすら覚えていなかった。

結局、茂雄さんの身に何が起こったのか、わからず仕舞いになったという。

「でも、いま考えるとね、このときの一件って、その後に起こることの前触れだったような気がするの……でも、茂雄さんにおかしな様子はなかったし、そのときはそれで話が済んじゃったのね」

それから、数ヵ月が経ったある休日。

恵子さんは、叔母の遼子さんのアパートに初めて遊びに行くことにした。

「その頃、私は小学校の五年生だったんだけど、ひとりで遠出することに憧れがあったのね。それに従弟の孝則君は私より四つ年下で、一緒に遊びたいと思っていたの」

最寄り駅で遼子さんの車に拾って貰い、アパートに到着した。

そこは二階建て八世帯の集合住宅で、遼子さんの住まいは一階の角部屋だった。

「でもね、玄関を上がったら、凄く嫌な感じがしたの……上手く説明できないんだけど、圧迫感っていうのかな、すごく気圧される感じがして」

叔母さんに促されて恐々《こわごわ》と廊下を進み、奥の居間に入ろうとした。

——そのとき、隣の寝室から強い気配を感じた。

寝室のドアが僅かに開いて、薄暗い室内に白い壁が見えている。

その白い壁から、赤い色の何かが突き出ていた。

ぎょっとして、思わず凝視した。

それは——真っ赤な人間の頭部と両腕だった。

まるでビニールの薄膜を突き破ろうとするかのように、壁から伸びている。

性別はまったくわからなかったが、炎のような赤い色が印象的だった。

突き出した両の腕は虚空を泳ぎ、何かを掴もうとしているように見えた。

〈やだっ！　なんか気持ち悪いのがいるっ！〉

恵子さんは視線を逸らして、居間へと駆け込んだ。

そして、叔母さんに気づかれないように、何食わぬ顔で時間を潰したという。

「でも、アパートに泊まるのは嫌だったの。だから、わがままを言って、近くに住んでいたお祖母ちゃんの家に行かせて貰ったの。叔母さんには申し訳なかったけど」

車で送って貰う途中、遼子さんに寝室で見た異形について打ち明けた。

当然、怒られると覚悟してのことだった。

だが、意外にも、彼女は穏やかに恵子さんの話を聞いてくれた。

「そう、恵ちゃんにも見えるんだ。いや、私は見えないし、感じもしないのよ。だけど時々ね、息子が同じようなことを言うのよ。やっぱり何かあるのね……でも、大丈夫。実はね、近いうちにあの家を引っ越すの」

聞くと、近々茂雄さんが運送会社を辞め、観光バスの運転手に転職するのだという。

それに合わせ、別のアパートに引っ越すことになっていたのである。

「だから心配しないで。そんなお化けなんか、置いてっちゃうからね」

そう言われて、恵子さんは素直に〈良かった〉と安心した。


それから三ヵ月ほど後のことだ。

叔母の遼子さんから、夜半に電話があった。

彼女のアパートが、火事になったという知らせだった。

しかしその日、茂雄さんはトラックの仕事で家を空けており、また遼子さんも息子と一緒に祖母の家に泊まっていて、不在だったという。

一方で自宅は全焼してしまい、すべての家具が焼失してしまった。

「後でわかったんだけど、真上の階の住人が、部屋に油を撒いて焼身自殺をしたらしいのね。なんでも、元々少し様子のおかしな人だったみたいで、以前から近所では要注意人物だって言われていたんだって」

結果、若干予定が早まったが、遼子さん一家は新たな住処に引っ越すことになった。


更に、一年ほど経ったある日。

遼子さんから電話があった。

聞くと、茂雄さんが怪我をしたようで、警察から身元確認の連絡があったという。

もしかして観光バスの仕事で交通事故でも起こしたのではと、遼子さんは心配したのである。

だが、警察から受けた説明は、彼女の想像を上回るものだった。

「……茂雄さんね、転職先のバスガイドと浮気をしていたの。家に帰ってこない日の大半は、バスガイドのアパートに泊まっていたみたいで……それで茂雄さん、浮気相手の部屋で寝ている最中に、火事に巻き込まれたらしいの」

警察の調査によって、火災の原因が真上の部屋だということが判明した。

そこの住人が、自宅に火をつけて自殺していたのである。

茂雄さんも、浮気相手のバスガイドにも、まったく無関係の男だった。

「それが二回目。でもね、そのときは同じ原因の火事が二度続けて起きたってことよりも、茂雄さんが浮気していたってことの方が大問題だったの。叔母さんが怒っちゃって、大変な騒ぎになったわ。で、結局、ふたりは離婚することになったんだけど」

茂雄さんは社内での浮気が露見して失職したが、暫くしてバスガイドと再婚した。

一方、離婚して収入源を失った遼子さんは、慰謝料や養育費が取れるとも思えず、息子の親権を茂雄さんに渡してしまったのだという。

半ば、息子を押し付け合った形での、決着だったらしい。

「孝則君、かわいそうだったわ。離婚なんて親の勝手で、子供には全然落ち度のないことなのに。それに、引き取られた先で、浮気相手のバスガイドがいきなり母親になったのよ……ほんと、見ていられなかったわ」


それから話は、数年後に飛ぶ。

恵子さんは高校を卒業し、働きに出ていた。

そして、父親に引き取られた孝則君は、早くに高校を中退してしまったという。

「両親が離婚してから孝則君、グレちゃってね。ろくでもない連中とつるんでは、毎日どこかを遊び歩いていたわ。でも、うちの家族も事情を知っているだけに、放っておけなかったの」

その頃、孝則君は恵子さんの実家に、頻繁に泊まりに来ていたという。

そんなとき、彼は愛想よくニコニコとして、礼儀正しい振る舞いをした。

だが恵子さんは、彼が親類縁者を体よく利用しているだけで、腹の底では馬鹿にしきっているのだと知っていた。

実際、彼は恵子さんの実家から、何度も小銭をくすねたりしていた。

「それでも、うちの両親は強く言わないのよ。やっぱり、可哀想って気持ちが先に立っちゃうのね。実際、自分の家じゃ、居場所がなかったと思うし」

ある日、茂雄さんから孝則君に緊急の電話があった。

いま住んでいるアパートが、火事になったのだという。

そして、継母である元バスガイドが、大火傷を負ったというのだ。

火元は、やはり真上の部屋。

そこに住んでいた男性が頭から灯油を被り、焼身自殺を図ったらしい。

その男は、どこにでもいるような普通の会社員だった。

「それで、火事は三回目よ……それも、三回とも全部、真上の階の住人が焼身自殺して、茂雄さんの家が全焼しているの。そんなの、あり得ないでしょ」

その知らせを聞いた恵子さんと両親は、さすがに慄然としたという。

だが、ただひとり孝則君だけは「ざまあみろ」と笑っていた。

「……ここまでが、叔母さんの家に起こった出来事のすべてよ。でね、後で考えたんだけど、私が小学生のときに見た真っ赤な人って、茂雄さんの家系に関わる『厄災』そのものだったんじゃないかしら……それがたまたま、実体化して見えただけで」


その後、孝則君は姿を消した。

恵子さんの両親や周囲の友人から、多額の借金をした上での失踪だった。

叔母の遼子さんも、いま彼がどこにいるのか知らないらしい。

すでに、自分の息子のことを諦めてしまっているような様子だった。

「ただね、私……孝則君が失踪する前に、なんとか救ってあげられないかって色々と考えていた時期があったの。このままじゃ、本当に駄目になっちゃうんじゃないかって。それで、一緒にお店を経営しないかって、誘ったのよ」

だが、彼は珍しく神妙な表情で「迷惑かけるから、やめたほうがいいよ」と断った。

そして、「俺は親父から、色々と引き継いでいるからさ」と呟いた。

いままで彼が見せたことのない、寂しげな表情をしていたという。

「孝則君、あの赤い『厄災』が自分にも引き継がれているって、自覚していたんじゃないかしら」

それから五年近く経つが、孝則君の行方はいまだにわからない。

あとがき

この度は「実話怪事記　腐れ魂」をお手に取って頂き、誠に有難うございます。

怪談作家をやらせて頂いております、真白と申します。


本著はおよそ二年間に、著者が聞き集めた怪話、体験談をまとめたものになります。

と書きますと、二年の歳月のすべてを怪談の取材と執筆だけに費やしてきたように聞こえますが、実のところ、中々そうは参りません。

怪談に限らず、現在執筆活動を行われている大勢の方々と同様に、著者も本業であるサラリーマンの傍らで、細々と書き続けているような状況です。

現に、この「あとがき」も通勤途中のバスの中で書いております。

これで、手首にリリックのひとつも綴るならば、エミネム風のアメリカンドリーム感が漂うやもしれませんが、膝に安いモバイルを乗せたおっさんが、それも書いているのが「お化けの話」では、まったく見栄えのするものではありません。

もっとも最近の公共交通機関は、さながらスマホの見本市会場のような様相を呈しておりますので、殊更、周りの目を気にする必要もないようです。


さて、話は変わりますが、読者の皆様は幽霊を見たり、不思議な体験をされたりしたことはありますか？

実を言いますと、著者はまったくそういう経験がありません〈残念ではないですが〉。幽霊を見るどころか、金縛りや何かの気配を感じるといったことすらないのです。

一方、取材を進めていくと、強い霊感をお持ちになられている方々に、お話を聞かせて頂けることがあります。興味深いことに、そういった方々の大半は、あまり怪談やオカルトに興味を持たれていない様子でした。

勿論、私の浅い経験でのことなので、すべてに当てはまるとは思いません。

が、詳しく話を聞いてみると、どうやら頻繁に〈気持ち悪いもの〉が見えてしまう分、ほんの少しでも関わりたくないという、警戒の気持ちが強くなるらしいのです。

そういった、ある種ナイーブな方々に「凄く怖い目に遭ったことありますか？」などと質問するのですから、怪談作家というのも業の深いものです。

もっとも、そんな鈍感さがなければ、すき好んで他人の忌み事を聞いて回ったりしないでしょうし……まぁ、幽霊が見えなくて当然のような気もします。

このように、今作におきましても「見える方」、「たまたま不可思議な現象に遭遇してしまった方」など、様々な方々に取材をさせて頂きました。

また、今回も多くの話を聞かせてくださったSさん、毎回世話になっている悪友のS、Kさん、またメールで遣り取りさせて頂いたMさん、いつもお世話になっている編集のN様、その他にも沢山の方のご厚意により、本著は出来上がっております。

改めて、皆様に深くお礼申し上げます。

また、怪談書きを始める機会を与えて下さいました平山夢明先生にも、感謝申し上げたく存じます。今年は、観客席にて先生のイベントを御拝聴する度に「てめえ、また来やがったのか」とか、「お前に何度サイン書きゃいいんだよ。自分で書けばいいじゃないか」などと、暖かいお言葉を掛けて頂きました。

確かに本棚を漁ってみたら十数冊のサイン本が出てきましたし、現時点で先生が出演されるイベントのチケットを二枚持っておりますが、まぁ、いいじゃないですか。

世の中には好事家が多いということで、御寛恕のほどを願いたく存じます。

では、最後に読者の皆様に深くお礼申し上げつつ、本書の締めとさせて頂きます。

二〇一七年十月三十一日　バス車内にて

実話怪事記 腐れ魂

2017年12月6日　初版第1刷発行

著者　真白 圭
デザイン　橋元浩明(sowhat.Inc.)
企画・編集　中西如(Studio DARA)
発行人　後藤明信
発行所　株式会社 竹書房
〒102-0072 東京都千代田区飯田橋2-7-3
電話03(3264)1576(代表)
電話03(3234)6208(編集)
http://www.takeshobo.co.jp
印刷所　中央精版印刷株式会社

定価はカバーに表示しています。
落丁・乱丁本の場合は竹書房までお問い合わせください。

ISBN978-4-8019-1283-0 C0176